山西普通高校大学体育教学改革与创新

大学体育教学模式及评价方法改革与实践

信息化时代体育教学思维转变及其改革发展探索

曹电康　著

中国水利水电出版社

www.waterpub.com.cn

·北京·

内 容 提 要

　　本书在研究与调查了信息化时代背景下体育教学与体育教学思维发展情况基础上,重点研究了信息化时代背景下体育教学方法、体育教学模式、体育教学设计、体育教学评价的改革与发展探索,另外还深入细致地研究了信息技术与体育课程的整合与发展,以及体育教师信息化教学能力的培养。

　　本书具有一定的前沿性和实用性,对提高学校体育教学质量具有重要的帮助。

图书在版编目(CIP)数据

信息化时代体育教学思维转变及其改革发展探索 /
曹电康著. —北京：中国水利水电出版社，2018.10（2024.8重印）
ISBN 978-7-5170-7055-9

Ⅰ. ①信… Ⅱ. ①曹… Ⅲ. ①体育教学－教学改革－研究 Ⅳ. ①G807.01

中国版本图书馆 CIP 数据核字(2018)第 246058 号

书　　名	信息化时代体育教学思维转变及其改革发展探索 XINXIHUA SHIDAI TIYU JIAOXUE SIWEI ZHUANBIAN JI QI GAIGE FAZHAN TANSUO
作　　者	曹电康　著
出版发行	中国水利水电出版社
	（北京市海淀区玉渊潭南路 1 号 D 座 100038）
	网址：www.waterpub.com.cn
	E-mail：sales@waterpub.com.cn
	电话：(010)68367658(营销中心)
经　　售	北京科水图书销售中心(零售)
	电话：(010)88383994、63202643、68545874
	全国各地新华书店和相关出版物销售网点
排　　版	北京亚吉飞数码科技有限公司
印　　刷	三河市华晨印务有限公司
规　　格	170mm×240mm　16 开本　18 印张　233 千字
版　　次	2019 年 3 月第 1 版　2024 年 8 月第 2 次印刷
印　　数	0001—2000 册
定　　价	86.00 元

前　言

处在社会中的每一个人都在特定的时代和社会环境下生活，无论是在平时的生活中还是在学习和工作中，每个人都无法脱离所处时代思维方式的影响。可以说，人们思维方式的发展和改变在一定程度上影响着现代社会的发展。表现在体育教学中，体育教学思维方式的转变也在很大程度上决定着体育教育的发展前景。由此可见，思维方式之于人及事物发展的重要性。

在现代教育发展的背景下，与传统的学校教育相比当今的学校教育更加注重人性的培养，更加注重教师与学生主体地位的发挥，而这就是体育教学思维的转变，这种教学思维的转变是与整个社会的发展和学校教育的改革分不开的，彼此相互联系、相互促进，即学校体育教育的发展需要体育教学思维的转变，而体育教学思维的转变则在一定程度上推动了社会与学校教育的发展。

体育教学思维是体育教师利用教育思维对教学现象、活动及其问题的专业思考，是体育教育思维的核心。它需要综合科学、艺术和工程思维的视角和特征，通过思考如何针对学生体育学习和发展的特点，利用体育课程资源，组织体育教学活动来达到预期的体育教育目的。当前，整个社会已经进入信息化时代，在这样的背景下，体育教学思维的转变就显得尤为必要。鉴于此，特撰写《信息化时代体育教学思维转变及其改革发展探索》一书，以期通过对体育教学思维与体育教学改革的研究，探索出一条能有效促进我国体育教学发展的健康道路。

本书共有九章，其中第一章主要研究与调查了信息化时代的背景及体育教学的现状，为接下来的研究提供必要的事实依据。

第二章主要研究与分析了信息化时代背景下体育教学思维的发展情况,对体育教学思维的创新做了重点的研究。第三章主要阐述了信息化时代体育教学理论与技术的应用。第四章至第七章主要研究了信息化时代背景下体育教学方法、体育教学模式、体育教学设计以及体育教学评价的改革与发展探索,这几个部分涉及整个体育教学过程的诸多要素,对学校体育教学的发展起着至关重要的作用,因此,以上内容是本书研究的重点。第八章是关于信息化时代信息技术与体育课程的整合与发展探索,在充分调查与分析当前体育课程设置与发展现状的基础上,提出了信息化技术与体育课程整合的模式与对策。第九章是关于信息化时代体育教师信息化教学能力的培养,要提高信息化教学质量,加强体育教师的信息化技术能力培养是尤为必要的,本章在研究体育教师基本特征和基本素质的基础上,提出了提高体育教师信息化教学能力的策略。

本书紧跟时代发展的形势,以信息化技术为视角,对信息化技术在体育教学的应用研究得较为深入和透彻,具有一定的前沿性和实用性,对提高学校体育教学质量具有重要的作用。

本书在撰写的过程中参考和借鉴了大量的有关信息化教学与体育教学方面的书籍和资料,在此,向相关专家及学者致以诚恳的谢意。由于时间和精力有限,不足之处在所难免,恳请广大读者批评指正!

作　者

2018 年 6 月

目　录

第一章　信息化时代背景及体育教学现状

信息化快速发展对我国各个领域都产生了巨大影响,体育教学领域也不例外。本章着重对信息化时代发展背景、现代体育教学发展现状与存在问题、信息化时代大学生素养现状进行详细阐析,力求促使我国体育教学牢牢抓住信息化时代的发展机遇,对我国大学生信息素养的培养提供理论指导。

第一节　信息化时代发展背景

一、信息化的内涵

信息化的概念起源于 20 世纪 60 年代的日本,最先是由一位日本学者提出来的,而后被译成英文传播到西方,西方社会普遍使用"信息社会"和"信息化"的概念是 70 年代后期才开始的。对于信息化的概念,各国学者立足于多个视角作出了不同的界定。

1963 年日本学者 Tadao Umesao 在题为《论信息产业》的文章中提出"信息化是指通讯现代化、计算机化和行为合理化的总称"。其中,行为合理化是指人类按公认的合理准则与规范进行;通讯现代化是指社会活动中的信息交流基于现代通信技术基础上进行的过程;计算机化是社会组织和组织间信息的产生、存储、处理(或控制)、传递等广泛采用先进计算机技术和设备管理的过

· 1 ·

程,而现代通信技术是在计算机控制与管理下实现的。因此,社会计算机化的程度是衡量社会是否进入信息化的一个重要标志。

林毅夫等指出:"所谓信息化,是指建立在 IT 产业发展与 IT 在社会经济各部门扩散的基础之上,运用 IT 改造传统的经济、社会结构的过程。"

赵苹等给信息化所下的定义则是:"信息化是指人们对现代信息技术的应用达到较高的程度,在全社会范围内实现信息资源的高度共享,推动人的智能潜力和社会物质资源潜力充分发挥,使社会经济向高效、优质方向发展的历史进程。"

骆永华从通信经济学角度对信息化概念作出了定义,认为所谓信息化,是指社会经济的发展从以物质与能源为经济结构的重心,向以信息为经济结构的重心转变的过程。信息化代表了一种信息技术被高度应用,信息资源被高度共享,从而使得人的智能潜力以及社会物质资源潜力被充分发挥,个人行为、组织决策和社会运行趋于合理化的理想状态。同时,信息化也是 IT 产业发展与 IT 在社会经济各部门扩散的基础之上的,不断运用 IT 改造传统的经济、社会结构从而通往理想状态的一个持续的过程。信息化的过程,也就是围绕着信息资源这一核心,把信息网络建设作为骨干,以信息应用为向导,以人为本,以相关法律法规和保障制度为立足点的系统工程。

综合分析发现,现阶段获得绝大多数人认可的观点是 1997年召开的首届全国信息化工作会议上对信息的定义:"信息化是指培育、发展以智能化工具为代表的新的生产力并使之造福于社会的历史过程。"

二、我国信息化发展的历程

关于我国信息化发展历程的阶段划分,我国学术界至今未能形成统一而权威的说法,二分法和三分法得到了较多人的认可,但这两种划分方法的内部有彼此分化的问题,此外,这两种阶段划分的显著不同是怎样确定我国信息化起步的时期。

具体来说,持三分法观点的学者大多数认为起步应设定在新中国成立初期,这一时期国家着手发展宇航事业和原子能工业,并在苏联专家的援助下开展高新技术产业的研发,其中就包括信息科学技术,较为明显的例子就是 1958 年我国第一台数控机床的成功研制。二分法则将改革开放视为信息化的起步阶段。新中国成立初期百废待兴,而后又出现"文化大革命"十年动荡,显然这一时期中国经济的发展水平是无法为大规模信息化提供条件,致使中国的信息化仅停留在特殊行业和个别科研院所,据此提出中国真正的信息化应该是改革开放以后的事情。这里将我国信息化起步设定到新中国成立初期,同时,以"三分法"为基础,将我国信息化发展划分为三个阶段。

第一阶段为信息化的萌芽时期,时间从新中国成立到改革开放初期(1949—1978),这一时期我国将信息科学作为航空事业和军工产业发展的配套技术予以研发,代表性的有我国第一颗人造卫星"东方红"的远程遥控技术和第一台数控机床的研制。

第二阶段为信息化的起步时期(1978—2000)。1978 年全国科学大会召开,邓小平同志发表重要讲话,提出了"科学技术是生产力"的重要论断。全国科学大会召开以后,科技体制改革逐步推进,信息科学技术进入新的发展历程。1983 年 5 月在北京召开全国计算机与大规模集成电路规划会议上,提出"要面向应用,大力加强计算机软件工作,迅速形成软件产业;把计算机的推广应用作为整个计算机事业的重要环节来抓"。1984 年国务院做出把电子和信息产业的服务重点转移到为发展国民经济、为四个现代化建设、为整个社会生活服务的轨道上来的重要战略决定,而在随后的国家"863"计划之中,信息技术也被列为七大重点发展领域之一。党中央和国家的一系列举措,虽然为我国的信息化的起步创造了良好的政策和环境条件,但是受制于国家经济体制转轨,信息科学技术的应用转化效率还处于较低水平,我国信息化的发展并未取得切实成效。1993 年,我国先后启动以建设"中国的信息准高速国道"为目标的"三金工程",这一系列金字工程的颁布与实施拉开了国民经济信息化的序幕,标志着我国信息化掀开了新的一页。1996 年,推进信息化进程被纳入《国民经济和社会发展"九五"和 2010 年远景目标纲要》之中,随后,1997 年国务院信息化工作领导小组出台《国家信息化"九五"规划和 2010 年远景目标纲要》,这一纲要的出台形成了我国信息化发展的初步思路,在"统筹规划,国家主导;统一标准,联合建设;互联互通,资源共享"的信息化建设方针指导下,全国信息化工作在国家统一领导下,稳步推进,为经济社会发展助力。

第三阶段为信息化的辐射带动时期(2000 年至今)。2000 年是我国"九五"计划的最后一年,我国各行各业的信息化建设的新格局正在形成。有研究结果表明,"2000 年是我国信息化建设十分关键的一年,市场规模继续以超过 20% 的增长率扩大,国民经济和社会各个领域的信息化应用向纵深发展,有更多的政府部门和企业走出设备、技术驱动的模式,进入应用、效益导向的良性循环",这一年在我国信息化发展历程中有承上启下的意义。2000 年 10 月,中共十五届五中全会审议通过《中共中央关于制定国民经济和社会发展第十个五年计划的建议》,建议指出信息化是当今世界经济和社会发展的大趋势,也是我国产业优化升级和实现工业化、现代化的关键环节。要把推进国民经济和社会信息化放在优先位置。顺应世界信息技术的发展,面向市场需求,推进体制创新,努力实现我国信息产业的跨越式发展。此后,历届党代会都聚焦信息化和工业化关系问题,逐步确立了"以信息化带动工业化,以工业化促进信息化","信息化与工业化深度融合"的战略方针,这从侧面也反映了我国现已进入信息化的辐射带动时期。从国家权威数据统计分析出发,2002 年国家信息化测评中心首次公布了我国国家信息化水平总指数测评结果,全国 2000 年的 NIQ 为 38.46,这是国家信息化评价标准体系慢慢成熟的重要象征。据此,国家信息中心、中国互联网络信息中心(CNNIC)、中国信息安全测评中心等具备权威效力的国家信息测评机构也陆续发布国家年度信息发展报告。2016 年第三届世界互联网大会上，中国互联网络信息中心发布《国家信息化发展评价报告(2016)》(以下简称《报告》)，《报告》显示，中国国家信息化发展指数排名从 2012 年的第 36 位迅速攀升至 2016 年的第 25 位。中国信息化发展在产业规模、信息化应用效益等方面取得长足进步，已经位居全球领先地位。中国信息化发展指数首次超过 G20 国家的平均水平。另一份国家信息中心发布的《中国信息社会发展报告(2016)》指出：2016 年全国信息指数(ISI)达到 0.4523，同比增长 4.1%，处于工业化社会向信息社会的加速转型期。2007—2016 年年均增长率达 8.35%，我国已有 32 个城市步入信息社会，深圳是首个步入信息社会中阶的城市。报告预计，全国信息社会指数将在 2020 年前后达到 0.6，国家将整体步入信息社会的初级阶段。

三、我国信息化发展的基本趋势

针对信息化发展趋势，建议立足于技术、经济、社会等多个视角展开分析，站在技术可能性的视角看待信息化发展，则表现在由数字化朝网络化发展的趋势上，信息技术的更新和计算机持续发展存在很大联系。在现代社会中，只有精密的计算机系统才能满足人们对信息智能化、自动化、多元化的需求，但是如果信息处理终端彼此是隔离的、孤立的，则难以满足信息资源共享的要求，也给数字化本身带来制约，同时，社会发展对网络传输的内容和质量提出了更高的要求，因此，由数字化向网络化发展反映了技术和应用发展的必然趋势。总体来说，可以将网络化发展方向划分成基础设施阶段、网络软件及服务系统化阶段、网络内容应用阶段。以该项分类方法为依据，能够得出我国现阶段的信息化发展处在基础设施建设的中期，部分进入了网络软件及服务系统化阶段的初期，我国的信息化已经遍布的政治、经济、教育等各个领域总体上还处于网络化信息化的初级阶段，同时，呈现出了较快的发展速度。

四、信息化影响着人与自然、社会、自身的关系

(一)信息化对人与自然关系的影响

崇拜与依赖自然、开发与掠夺自然、尊重与保护自然是人与自然关系经历的三个历史阶段。就农业社会来说,农民是社会的基础,他们制造工具、利用工具改造大自然,过着自给自足的自然生活,从自然界中获取物质生活资料,敬畏自然,依赖于自然界的馈赠,在劳动中使自然力得以延伸。就工业社会来说,人们为了获取物质资料进行工业生产,不断地征服自然、掠夺自然、破坏自然,不尊重自然规律,环境污染、生态破坏严重,人们的生存环境变得极其恶劣。当人们意识到环境保护的重要性时,却缺乏有效的工业技术和手段来解决自然环境日趋恶化的困境。随着信息时代的来临,人与自然的关系开始出现质的飞跃。发展至信息化时代,已经不再单方面通过依靠自然或者破坏自然来获取物质资源与能源资源,主要是运用信息技术和信息产业来开发和利用自然,这大大节约了当前的自然资源。同时,依靠高科技技术,人们可以扩展自然探索领域、开发新能源、创造新产品,缓解资源紧缺的问题。此外,人们通过信息技术收集自然地理信息,探测能源、控制污染、防治病虫害等也有利于自然的保护。例如,GIS技术广泛用于环境监测和资源调查。从整体来说,信息化技术为人与自然的关系朝着更加和谐的方向发展创造了很多有利条件。

(二)信息化对人与社会关系的影响

个体之间的关系是人与社会关系的突出反映。在信息化持续发展的过程中,个体之间的社会关系同样产生了翻天覆地的变化,每个社会成员所处的社会形态、原有思维模式已经形成的交往方式也随之产生了显著变化。在虚拟的网络环境中,国家有边界,网络无疆界,网民从某种意义上讲都是世界公

民,而网络的匿名性,法律的不完备性也使得很多网上活动不受约束。在现实生活中,公民有真实的性别与身份,国家、法律、规则等形成的现实社会与域名、无序的虚拟社会组合成了新的社会形态。

在这种社会形态中,一方面人与人之间的交往越来越密切,时间、地域、民族、文化对人与人交往产生的制约作用越来越小,广大网民在网络环境中充当着符号、代码、信息点,顺畅的交流方式使过去等级鲜明的社会阶层壁垒被打破,人与人之间的交往呈现出了对等且自由选择的走向,社会组织结构扁平化的走向日益显著。网络时间无始无终,用户可以实时交互、无拘无束,网络空间的无限扩充使人们从社会习俗的控制中解放出来,网络空间里个性化、休闲化得以充分体现。另一方面信息技术的发展在很大程度上影响了每个社会成员的交往。沉溺于网络上"符号"身份的交往,不注重现实生活中面对面的直接交流,随着时间的推移会造成人际关系淡漠以及情感疏离的问题,对人格健康发展有很大的负面作用。需要补充的是,信息资源不对等性是造成利益冲突和人际关系摩擦的一个重要原因。

(三)信息化对人与自身关系的影响

随着信息化的发展,人们在从体力劳动解放出来的同时,脑力劳动越来越多,人们主要从事的劳动逐步转变成创造性的脑力劳动,并非单方面从事模仿性的脑力劳动和繁重的体力劳动。高水平的专业技术人员通过开发信息技术、研发信息软件、实施信息工程,将人类智慧与信息技术相结合,通过信息高科技制造工具使人的肢体功能、信息器官得以延伸;人们开发人工智能,部分替代人脑的功能,使人的脑力得以延伸。信息技术是人们改造世界的工具,随着其深入发展,人过于依赖技术。个人能力弱化和人性异化的现象极有可能出现。在信息化时代,人的衣食住行和生活的方方面面都离不开信息的获取和运用,而这些信息都受既定程序的操控,人们不自觉地被设定好的程序所影响,被动接收信息的负面影响使人的主观能动性被束缚起来,思考能力、判断能力以及辨识能力会呈现出日益弱化的趋势。在人的主体能力呈现出弱化趋势的同时,有很大可能会产生人性异化的问题,这项问题的主要表现是符号异化。从本质上来说,符号是人创造出来的用以表达主观愿望和意图的方式,是人的主观创造性的体现。但在信息化条件下,计算机的程序语言也都是符号化的设定,人们在购物、玩游戏等过程中,都是按照计算机的符号程序操作,否则就会失控,当人受制于机器符号,也就会失去控制权且丧失主体性。

(四)信息化背景下的思想政治教育

立足于信息论的立场来分析,思想政治教育本身是尤为复杂的信息系统之一。系统集整体性特点、动态性特点以及内部结构优化性特点于一身,良好的系统应当由很多项关键性要素组成。思想政治教育过程、目的、任务、内容、方法和艺术,以及思想政治教育的环境、载体和评估都是信息要素积累的过程,也是信息传递的过程。

信息积累和信息传递是思想政治教育的基石。从教育内容来看,思想政治教育信息既源自于历史过程中积累的信息,又突出反映当前社会的整体状况。教育者必须依据过去的和当下的时空信息开展思想政治教育工作。思想政治教育方法的创新也需要不断积累的信息。方法是人们认识和改造世界的方式、程序和做法。就其本质而言,方法是人们在实践中依据对客观世界的认识而形成的可操作性规则,是用于具体实践活动的思维方式,是特殊的信息序列。这一信息序列是实现思想政治教育目标的手段,也是确保其效果的关键环节。有效的思想政治教育应当满足人们的基本信息需求,即通过多样化、科学化的信息传递,解除人们对于思想政治教育的疑虑,获得确定性。只有不断灌输思想政治教育信息才可能逐步减少人们对于思想政治教育的不确定性,增加确定性,进而保持一定社会所要求的意识形态。

在思想政治教育活动过程中,首先需要收集信息,发现问题,确立目标,制定并优选方案,做好信息准备工作;在实施阶段,教育者遵循一定的原则,运用一定的手段,对信息进行识别和筛选,按照一定的方法传播教育信息;在评估阶段,则需要依据教育过程中各方面的信息反馈,对其效果进行评估,进一步细化教育目标,改进教育方法,促进系统的完善和优化。从整体来说,信息化是崭新的历史变革,一方面使广大群众在认识层面出现了巨大革新,另一方面促使思想政治教育出现了很大革新。

第二节　现代体育教学发展现状与存在问题

一、我国体育教学发展的现状

(一)体育教学目标的发展现状

体育教学目标是指以体育教学目的为依据而提出的预期成果。阶段性成果和最终成果是这个预期成果的两个类型,前者对应的是体育教学阶段目标;后者对应的是体育教学总目标,这是阶段性成果和最终成果的总和。体育教学总目标的完成是体育教学目的实现的主要标志。

作为体育教学的灵魂,体育教学目标是体育教学工作开展的出发点和最终归宿。具体、实用的体育教学目标会对一堂体育课的效果带来积极的影响。我国长期以来树立体育教学目标时围绕的核心是增强体质、传授三基及培养道德品质。这些重点强调了学生的"体",而忽视了"育",也就是忽视了对人的培养。由此使得制定体育教学目标的过程中产生了笼统、含糊等问题,最终造成开展和实施体育教学活动的过程中没有清晰而确定的方向。

新课程标准将体育教学的领域目标确立为五个方面,分别是运动参与、运动技能、身体健康、心理健康和社会适应,这五个方面对学生知识、技能的掌握,学生身体、心理、社会适应等能力的培养给予了全面的关注与重视。同时,以学生的特点为依据,又可以将体育课程目标分为基本目标和发展性目标。前者是学习领域目标的进一步深化,该目标明确提出大学生通过学习体育与健康课程应该具备什么样的基本素质。后者则是在基本目标基础上提出的要求较高的目标,它不仅规定了学生应该达到的基本要求,同时,对学生个体差异与不同需求给予了一定程度的重视,这对于学生学习积极性的调动和"吃不饱"现象的解决具有积极的影响。

分析表 1-1 的调查结果会发现,把"掌握体育锻炼方法,树立终身体育意识"视为体育课程首要目标的体育教师有 82.5%,这表明体育教师尤为重视学生掌握体育锻炼方法的实际情况,目的是保证学生在未来的锻炼达到科学性要求,并且逐步形成终身体育锻炼的优良习惯。选择"调节情绪,培养积极乐观的生活态度"这一目标的教师有 70.8%,这说明体育教师对学生的心理健康比较关注,希望通过体育教学实现心理健康目标。选择"掌握体育卫生知识,树立健康第一的思想"这一目标的体育教师有 60.0%,可见大多数体育教师认为学生养成健康的生活习惯、树立健康价值观是非常重要的。重视"培养学生协作精神"这一目标的体育教师有 56.7%,这说明体育教师对学生社会适应能力的培养和提高是比较重视的。选择"掌握运动技能,提高技术水平"的教师有 30.0%,这表明体育教师针对体育教学目标形成的认识正在朝着多元化和深入化的方向发展,只重视"掌握运动技能""增强体质"等目标已经变成过去时,越来越多的体育教师深刻领会到学生全面协调发展的深远意义。

表 1-1　体育教师对体育教学目标的认识调查(n＝120)

教学目标	频数	频率(%)
掌握体育锻炼方法,树立终身体育意识	99	82.5
调节情绪,培养积极乐观的生活态度	85	70.8
掌握体育卫生知识,树立健康第一的思想	72	60.0
培养学生协作精神	68	56.7
掌握运动技能,提高技术水平	36	30.0

(二)体育课的组织发展现状

在学校体育教学中,应面向全体学生开展多种类型的体育课程,勇于将原有的系别、班级建制打破,重新组合上课,以使不同层次、水平、兴趣的学生的体育学习需要得到满足。此外,学校还应针对特殊学生群体(身体异常和病、残、弱等)开设以康复保健为主要内容的课程。

通过调查我国 16 所普通高校的体育课组织形式后得出(表1-2),采用普修课授课形式的有 9 所,占 56.3%。体育普修课教学的目的主要是使学生了解体育项目、学习体育基础知识、掌握体育基本技术和技能、促进学生体质的增强。在普修课教学中,体育教师充分发挥自身的主导作用能够使学生扎实掌握体育基本知识、技术和技能,促进学生意志品质和集体主义精神的强化,使体育教学更加规范。当然,普修课的授课形式也有不足之处,具体就是有很大可能会使学生在消极、压抑的处境中被动学习,对学生创造性思维的发展以及个性的发展有负面影响。采用选项课形式进行体育授课的学校有 2 所,这种授课形式有利于对学生的学习积极性进行调动,使学生的个性得以充分发挥,但因为学生在入学前不太了解各类选项科目,所以,直接采用选项课的形式进行教学具有一定的盲目性,教学过程中要求转项的学生有不少,这就给体育教学管理带来了困难。采用普修课＋选项课的形式进行体育授课的学校有 5 所,这种教学形式融合了二者的优点,它们相互补充,不仅使学生掌握了体育基础知识和技能,又使学生学习积极性得到了充分的调动,还使学生的运动能力得到了全面的提高。此外,普修与选修的结合还有利于在体育教学中因材施教,将学生的兴趣、爱好兼顾起来,满足不同运动水平的学生的需求。

针对特殊学生群体开展康复保健体育课程的学校不多,这个问题应当得到社会各界的高度重视,促使体育教育面向全体学生,为身体异常学生和特殊学生参与体育锻炼提供保障。

表1-2 体育课组织形式调查($n=16$)

授课形式	学校数	比例/%
普修课	9	56.3
选项课	2	12.5
普修课+选项课	5	31.2

(三)体育教学内容的发展现状

体育教学内容是达成体育教学目标的基础保障之一,所以,体育教学内容应当和当今社会的需求相符,有很大必要进行改革与优化。截至目前,我国很多学校在体育课程内容改革中对体育课程内容进行了拓展、优化和重组,使教学内容能够更好地满足体育课程目标实现的需求,更好地为体育教学目标的实现而服务,体育教学内容改革是体育教学改革的重点。在体育教学内容改革中,必须与体育课程内容的确立原则相符,即健身性与文化性相结合的原则、选择性与实效性相结合的原则、科学性与可接受性相结合的原则、民族性与世界性相结合的原则以及将教育部、国家体育总局制定的《学生体质健康标准》的要求充分反映和体现出来的原则。通过对我国学校的体育教学内容现状进行调查,能够看出学校体育教学内容是否能够反映现代体育教学改革的潮流与趋势。这里着重对体育教学内容的选取依据和选取情况的相关调查结果进行全面分析,具体如下。

1. 选取根据

通过调查发现,86.7%的体育教师主要根据学校教学条件选择体育教学内容,这说明体育教师在选取体育教学内容时立足实际,以学校的现实发展情况为依据来进行选取,但如果学校缺乏场地器材的话,就会影响体育教学内容的选取,因此,应注意这个方面的问题。

综合分析表1-3的调查结果发现,根据学生的身心发展特点选取体育教学内容的体育教师有59.2%,这说明很多体育教师都对学生的身心发展规律给予了高度的重视;根据学生的兴趣爱好选取体育教学内容的体育教师有49.2%,这有利于学生个性的发挥和兴趣的发展;分别有23.3%和20.0%的体育教师依据学生的专业特点、结合地方特色选取体育教学内容,这表明体育教学内容和学生具体专业的结合未达到紧密性要求,未将学校特色凸显出来。

表1-3　体育教学内容选择依据调查($n=120$)

选择依据	频数	频率/%
根据学校的教学条件	104	86.7
根据学生的身心发展特点	71	59.2
根据学生的兴趣爱好	59	49.2
根据学生的专业特点	28	23.3
结合地方特色	24	20.0

学校,尤其是高校重点要对应用型和实用型技术人才进行培养,高校不同专业由于性质差异,对学生的体能、技能等提出了明显不同的要求,只有根据要求来培养人才,才能使学生在毕业后更好地从事职业工作。这就要求学校以各自的实际情况及专业特点为依据来开设体育课,如根据不同职业的身体活动特征及学生毕业后的工作走向来开设重点培养职业体能和预防职业病的

体育课程,从而符合职业发展需要,满足不同专业学生的个性需求,从而真正实现体育与生活的统一。

2. 选取情况

调查发现,按照选取频数,学校对体育教学内容的选取从高到低的排列依次是篮球(87.5%)、武术(67.5%)、乒乓球(64.2%)、羽毛球(56.7%)和足球(53.3%)(图1-1)。综合分析这个排序会发现,绝大部分体育教师会参照学生兴趣来选择和确定具体的体育教学内容,绝大多数学生对球类运动有浓厚兴趣。

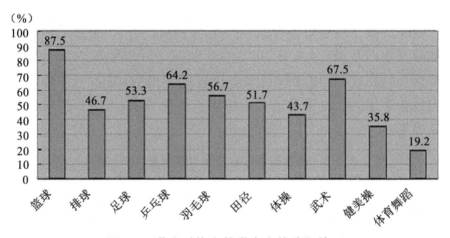

图 1-1 学生对体育教学内容的选取情况

67.5%的体育教师选取武术作为体育教学内容。作为中国优秀传统健身体育运动,武术运动的教学既有利于促进体育教学活动因地制宜地开展,又有利于弘扬和传承优秀民族传统体育文化。开设武术教学的学校中,太极拳这一项目开展得较为普遍,很多学校都力争将太极拳发展成为本校的特色体育项目。

女生对健美操和体育舞蹈比较喜爱,但在体育教学内容选择中,选取这两个项目的教师只占35.8%和19.2%,这主要是因为教师考虑到学校体育场馆有限,不能充分满足教学要求,所以,不便开展。此外,这方面的专业体育教师比较缺乏也是制约这两个项目难以开展的主要因素。选择定向运动、攀岩等拓展项目作为体育教学内容的学校较少。

从整体来说,球类运动、武术运动、田径运动以及体操运动是我国现阶段体育教学的常见内容,但这些体育教学内容的特色不鲜明,未充分彰显出专业设置的自主性特点,结合学生学习特征和职业技能特征来设计和开发教学内容的学校很少。学校构建体育课程体系,必须要适应现阶段社会的需要和体育教育改革发展的要求,从实际情况出发来选择教学内容,强调知识教育、素质教育,促进学生体能、学习能力的提高,促进学生对体育锻炼技能的掌握和终身体育行为习惯的养成。

(四)体育教学方法的发展现状

体育教学方法要满足多样化、个性化的要求,要有利于师生之间、生生之间的多边互动,能够使学生有兴趣参与体育学习,并能够发挥学生的创造性。体育教学方法的发展不仅要将教法改革重视起来,还要注重向学生传授学习和练习方法,提高学生的自学能力,使其养成良好的独立锻炼习惯。

图1-2的调查结果显示,绝大多数体育教师在体育教学中经常运用的教学方法是合作性教学法、传习式教学法、自主性教学法和探究式教学法。具体来说,采用传习式教学法进行教学的教师有69.2%,这说明大部分体育教师观念还比较落后,所以,采用的方法也较为陈旧单一,这种教学方法对学生发挥个人自主性和创造性是不利的;在体育教学中使用合作性教学法和自主性教学法的体育教师分别有28.3%和22.5%,采用探究式教学法的体育教师仅有11.7%。

分析调查结果会发现,当前我国体育教师主要应用传习式教学方法,使用新型教学方法的体育教师较少,所以说,体育教师有必要积极更新教学观念,设计出和学生特点以及自身条件相符的新型教学方法,并且将这些教学方法应用于体育教学中,从而高效实现体育教学目标。

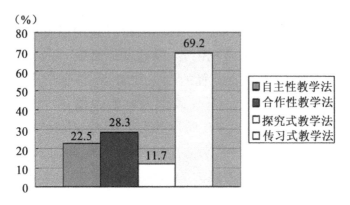

图1-2 体育教学方法的运用情况

(五)体育教学评价的发展现状

在体育教学中,教学评价不可或缺,通过开展这一环节的工作,可以反馈体育教学的情况,鉴定体育教学质量,并有针对性地进行调控与完善。体育教学评价工作的开展能够促进学生学习积极性和教师教学积极性的提高。

表1-4的调查结果显示,我国体育教师在评价学生学习情况时倾向于选用教师评定、学生互评和学生自评三种方法。具体来说,选择第一种评价方式的体育教师有75.8%,这一评价方式有利于教师充分掌握学生的学习情况,发现学生的不足,从而更好地指导学生的学习;选择第二种评价方式的体育教师有40.8%,学生之间相互评价对方的学习,能够相互发现对方的不足,相互鼓励,从而共同进步,此外,该评价方式有利于促进学生观察能力和评价能力的提高,促进学生之间良好人际关系的建立,促进学生团队意识的树立与强化;选择第三种评价方式的体育教师有56.7%,这说明教师对学生的自我评价比较重视,希望学生在自练自评的过程中能够客观认识自己的不足。

分析调查结果可知,当前体育教学评价已经突破了单一化的模式,并由此呈现出了多元化趋势,这无疑会对体育教学评价功能的发挥产生积极作用。

表 1-4　体育教学评价方法调查($n=120$)

评价方法	频数	频率/%
学生互评	49	40.8
学生自评	68	56.7
教师评定	91	75.8

二、我国体育教学发展中的问题

(一)体育教学理论研究滞后

我国现代体育教学起步较晚,对体育教学理论的研究较少且不够深入。我国在 20 世纪 50 年代,体育教学方面的理论和思想深受苏联的影响。一直到 20 世纪 80 年代,我国积极进行体育教学改革,这一状况才有所改变,但与欧美学校体育教学相比,我国体育教学的理念相对滞后,还有很多地方有待完善。

(二)体育教学思想观念落后

在我国政治和经济等多重因素的影响下,体育教学从很早开始就在强调服务于国家和社会发展需要,但未将学生个性发展纳入考虑范围。与西方体育教学重视个体自由发展的教学思想相比,我国体育教学思想在这方面体现得不突出。体育思想观念落后,不但对我国体育教学的改革和发展产生了很大的负面影响,而且阻碍了我国培养全面人才的进程。

纵观我国学校体育教学的发展历史,改革开放以后我国高校体育才开始全方位学习和借鉴国外的体育思想文化以及高校体育的先进经验,在体育教学的发展方面取得了一些进步。但由于对西方体育教学思想的学习和借鉴缺乏针对性,很多教学思想没有被深刻体会,没有得到很好的落实,具体反映在以下两个方面。

一方面,传统教学思想在教学中的弊端仍然存在,具体表现在以教师为中心的教学模式仍在体育教学中存在,导致学生一直处于被动的学习状态之中。整个体育教学过程和模式僵化,学生的主体地位没有得到体现,学习积极性不高。

另一方面,新的体育教学思想观念的理解与实施具有一定的不足。具体来说,在新的体育思想观念(素质教育、终身体育教育)落实的过程中受多种因素的影响,很难贯彻到教学实践中去,不能将学生学习体育的积极性和兴趣完全激发出来。

当前在我国社会和经济持续发展以及时代发展持续推动的背景下,创新和发展体育教学已经成为一项迫切需求。基于此,应转变传统落后的体育教学思想和观念,积极跟上世界发展的形势和潮流,使我国高校体育教学发展更加符合新时期国家和社会对全面人才发展的要求,培养符合时代发展的全面人才。

(三)体育教学模式缺乏创新

新时期为了促进我国体育教学的更加完善与发展,我国积极汲取西方体育教学的成功经验,学习西方先进的体育教学理论,对我国的体育教学进行改革与调整。但是受我国传统教育体制和社会经济结构的影响,我国的学校体育教学结构没有发生本质的变化,对国外先进经验的学习并没有发挥实质推动作用。

就我国体育教学现状来看,当前我国体育教师在开展体育教学时,传统的教学内容、方法仍占据主要地位,体育教学过程组织并没有实质性的变化,无法提起学生的兴趣。现阶段我国的体育教学仍然以传统的教学模式为主,以教师为中心,学生的主体性没有充分得到发挥。在体育教学中,教师仍然以技能教学为主,重技术而轻理论,忽视了学生学习的过程和方法,"填鸭式"的教学模式在很多学校仍然大量存在,缺乏教学模式创新。

(四)体育课考评亟须完善

我国计划经济体制下的应试教育产生的影响尤为深远,尽管近些年我国一直在实施素质教育改革,但应试教育的影响依旧不容忽视。就体育教学的考核评价来说,当前仍然把学生期末技能考试成绩当成评判学生体育学习的终极标准。

整个教学考评过程,忽视学生的学习态度、学习进度、学习过程的考核,也没有考虑到学生体育学习过程中的体育知识基础、体育文化素养、体育锻炼习惯内容。与此同时,在考评过程中通常无视学生的个性差异,学生必须在规定的项目方面得到一定的标准,在一定程度上限制了学生自主性学习的权利,达不到检测与促进的效果。考评主体单一、考核内容单一都不利于反映学生体育学习和参与的真实情况,缺乏科学性。

(五)体育教学设施严重短缺

近些年我国很多学校尤其是高校在持续不断地扩招,扩招的规模及学生增长的速度远远超过了学校体育场地设施的建设速度,因此,基础设施条件与扩展现状就构成了一对严峻的矛盾,场地设施的不足使在校学生的体育学习需求的满足和体育教学工作的顺利开展受到了严重的制约。场地不充足与设施不完善使得很多学生不喜欢参与体育学习,参与体育锻炼的兴趣也随着时间推移慢慢消失。

(六)体育教学工作质量下降

体育教学目标应突出一定的个性,将学校体育的特殊性展现出来,但从当前各校已经制定的体育教学目标来看并未达到这一要求。终身体育、个性发挥和能力培养等虽然在体育教学中一直被体育教师强调,但大都是纸上谈兵或表面工作,没有具体的计划和明确的方案,因而,实践工作的开展也就失去了目标与方向。除此之外,尽管学校制定体育教学目标方面以及选用体育教学内容方面都呈现出了全面性特点与多元性特点,但并未明确具体的重点,目标管理严重不足。这些问题都是造成体育教学工作质量下降的重要原因。

第三节　信息化时代大学生素养现状

一、信息素养的概念

信息素养的概念由美国信息产业协会主席 Paul Zurkowski 于 1974 年首次提出,他将这一概念解释为:"具有信息素养的人具备利用大量信息工具和主要信息源使问题得到解答的技术和技能。"1989 年美国图书馆协会(ALA)发表的一份关于信息素养的权威报告指出:"要成为一个有信息素养的人,他必须能够在需要的时候识别、查找、评价和有效地使用信息。"1992 年的《信息素养全美论坛的终结报告》中,更加详尽地阐述了信息素养的概念,"一个有信息素养的人,他能够认识到精确和完整的信息是做出合理决策的基础;能够确定信息需求,形成基于信息需求的问题,确定潜在的信息源,制定成功的检索方案,基于计算机的和其他的信息源获取信息、评价信息、组织信息用于实际的应用,将新信息与原有的知识体系进行融合并在批评思考和问题解决的过程中使用信息。"

由此不难得出,信息素养涵盖很多方面和层次的综合能力。由于信息素养包括信息意识、信息知识、信息技能和信息道德四重内涵,所以,信息素养具有层次性、普及性、可操作性和发展性等多重特点。

二、大学生信息素养的现状调查

针对大学生信息素养的现状调查主要采用问卷调查法和个别访谈法,同时,随机选取在校本科生作为调查对象。本次调查共发放问卷 245 份,回收 230 份,有效问卷 227 份,有效回收率

为 92.7%。其中,男女比例 99∶128;大一至大四的人数比例
66∶56∶56∶49,符合现实比例。基于信息素养的内涵和国内
外已有的研究成果,编制出《大学生信息素养调查问卷》,拟从信
息利用情况、信息意识、信息知识、信息能力、信息道德等方面全
面深入地了解当代大学生信息素养状况。除此之外,数据处理使
用 SPSS16.0 进行统计分析。

（一）大学生信息利用情况调查

大学生对现有信息的利用情况主要体现在查阅信息的途径、
上网的主要目的、上网地点和次数及开始接触网络的时间等几个
方面。

调查结果显示,仅有 2.6% 的人选择查阅书籍、1.4% 的人
选择翻阅报纸、6.6% 的人选择询问他人,而选择在网络搜索
信息的人达到调查总数的 89.4%（图 1-3）[①]。此外,绝大多数
受访者（84.1%）每天都会接触网络,且上网时间超过 1 小时。
分析这些数据结果可知,当代大学生上网频率高、持续时间长,
网络已经演变成大学生获取和交换信息的主要途径。

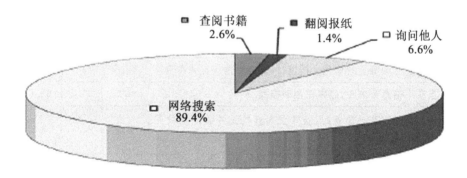

图 1-3 大学生信息利用情况

---

① 刘航,刘秀丽,王江.信息化时代大学生的信息素养现状及培养对策[J].情报科学,2013,31(11):43.

(二)大学生信息意识现状调查

信息意识是指人作为行为主体在信息活动中通过与客体相互作用而产生的认识、理解和需求的总和。信息意识是人们从事其他信息活动的认知基础,信息意识的强弱直接影响个体在信息活动中的主观能动性。这里从大学生信息敏感性以及图书馆资源使用情况这两个方面来考查学生信息意识。

分析表 1-5 的调查结果会发现,接近一半(49.8%)的受访者对"信息素养"这一术语比较陌生,虽然能够经常查找所需信息,但浏览新闻或报道时不能进行深入思考,并且常常在网络中迷失自己,忘记最初的上网目的,这表明大学生信息敏感性不强,同时,无法准确而敏锐地捕捉自己需要的信息。除此之外,由表 1-5 可知大学生对于学校图书馆资源的熟悉程度和利用率均偏低,尤其是很多学生(64.3%)没有参加过图书馆关于数据库的培训讲座,以致对电子资源及数据库检索功能完全不了解。

表 1-5 大学生的信息意识情况(%)[①]

	不符合	一般符合	非常符合
1 对"信息素养"这一术语非常了解	49.8	47.6	2.6
2 当浏览互联网上的新闻或报道时,能经常进行深入思考	18.5	73.1	8.4
3 当有了信息需求时,经常能主动查找	2.2	35.2	62.6
4 当上网查找某一信息时,经常受到其他无关信息的吸引从而偏离最初的目的	15.8	74.4	9.8
5 知道并经常参加图书馆关于使用数据库的培训讲座	64.3	33.5	2.2
6 非常了解学校图书馆主页上的电子资源可以免费使用	13.2	65.2	21.6
7 非常熟悉学校图书馆网站上的数据库检索的路径、方法	25.1	66.1	8.8

---

① 刘航,刘秀丽,王江. 信息化时代大学生的信息素养现状及培养对策[J]. 情报科学,2013,31(11):43.

（三）大学生信息知识现状调查

根据表 1-6 的数据可以看到，大学生对于计算机网络的基本原理了解甚少，特别是信息组织研究中较为重要的分类法和主题法，58.1％的大学生并不了解。但从根本上来说，这些知识会被经常应用于日常生活中，如划分电脑文件夹类型和编排网站内容等。除此之外，对于常用软件、常见信息源的内容和特点，大多数大学生了解其中大部分内容，掌握情况良好。相反地，对于英文网站和所学专业的网上信息资源，半数以上（75.8％）的大学生只了解少部分内容。由此可知，当代大学生掌握信息知识的情况不尽如人意，运用网上资源学习专业知识的能力亟须提高。

表 1-6　大学生信息知识的掌握情况（％）[①]

	基本不了解	了解少部分	了解大部分	非常了解
1 你对计算机网络的基本原理	13.2	76.7	8.3	1.8
2 你对信息组织的分类法和主题法	58.1	30.4	10.1	1.4
3 你对 Word、Excel 等软件	3.1	37.4	59.1	0.4
4 你对于互联网、报刊、电视、宣传册等几种常见信息源的内容和特点	2.6	38.8	47.1	11.5
5 你对英文网站的内容	17.6	75.8	5.7	0.9
6 你对所学专业的网上信息资源	15.9	57.4	20.1	6.6

（四）大学生信息技能现状调查

信息技能是人们在已有信息知识基础上，利用信息工具和信息资源查找、获取、评价、加工、处理信息以及创造、传递新信息的技术和能力。信息技能不但是个体信息素养的核心内容，而且是

---

① 刘航，刘秀丽，王江．信息化时代大学生的信息素养现状及培养对策[J]．情报科学，2013，31（11）：43.

大学生自主学习以及学术研究的基石,所以,这里着重对大学生信息技能的相关情况进行重点考察。

在信息道德现状的调查结果(表1-7)中可以看到,59.1%的受访者并不了解搜索信息时会触犯他人隐私权;对于学术剽窃问题,只有20.2%的大学生能够经常对引用文献进行标注;对于盗版软件的使用情况,49.3%的大学生有时使用盗版软件,20.3%的大学生经常使用盗版软件。

表1-7　大学生的信息道德现状(%)①

	从不这样做	有时这样做	经常这样做
1 你曾经在网上发表过对他人进行人身攻击的言论吗?	72.3	25.5	2.2
2 当给别人发电子邮件时你是否能够注意格式和措辞?	15.4	48.9	35.7
3 你是否使用盗版软件?	30.4	49.3	20.3
4 引用他人文章时是否会注明出处?	15.9	63.9	20.2
5 你主动抵制不良信息(黄色、反动等)吗?	4.4	16.3	79.3

三、大学生信息素养存在的问题

(一)信息意识淡薄,对图书馆资源不够重视

通过调查发现,大学生查找信息的能动性较强,在浏览时也能够对信息进行深入分析。但从整体来看,大学生信息意识仍就比较淡薄,具体表现在三个方面:第一,对信息素养的概念和内涵等知识的了解很肤浅、很少,未能深刻认识到信息素养对自身学业成就和综合素质提升产生的作用;第二,大学生信息敏感度偏

---

① 刘航,刘秀丽,王江.信息化时代大学生的信息素养现状及培养对策[J].情报科学,2013,31(11):44.

低,无法准确而敏锐地捕捉相关信息;第三,不重视图书馆资源,运用电子信息资源的效率有待提高。

(二)信息知识匮乏,操作技能欠缺

分析有关的调查结果发现,当代大学生掌握信息知识与信息能力的情况不容乐观,具体反映在以下几个方面。

(1)基础知识不牢固导致大学生的计算机基本操作和信息检索的水平极为有限。查找信息的目的不明确,管理信息以及信息的再利用能力欠缺,以致不能切实有效地解决生活中的具体问题。

(2)对相关专业和英文信息源感到陌生和困惑。大部分学生利用网络信息资源学习的能力较低,只会运用单一的方法获取学术资料,缩窄了学术视野。

(3)大学生很少会有条理地整理已经获取到的信息和资源,没有积极思考和创新具体的方法和内容。

(三)信息法律知识了解少,网络安全意识薄弱

一方面,大学生对信息法律知识了解甚少,无法分辨是否违反了网络信息道德及法律,不能自觉规范网络行为,以致在写作过程中不能严格遵守写作规范;另一方面,网络安全意识薄弱,在日常的网络环境下,不知道应该如何确保自身的信息安全。

四、大学生信息素养存在问题的原因

调查发现,当代大学生信息素养存在诸多问题,这些问题是造成大学生整体水平偏低的重要原因,而形成这些问题的主要原因如下。

(1)网络的虚拟性及不良信息影响了大学生信息素养的提升。

(2)现行教育机制存在缺陷,导致对信息使用者的各阶段信息素养教育衔接困难。

（3）图书馆的核心作用没有完全发挥，大学生学习途径单一。

（4）信息化学习环境不足，校园网络文化有待丰富。

（5）大学生网络辨识能力存在偏差，学习效能较低。

五、信息化时代培养大学生信息素养的策略

（一）充分发挥政府主导作用和各部门职能，保证大学生信息素养水平得到大幅度提高

社会环境对个体信息素养形成起到至关重要的作用，国家政府从宏观角度把握网络环境应从三个方面做起，即树立正确舆论导向、完善立法执法机制、提高监督管理力度。

1. 树立正确舆论导向

正确的舆论导向对个体信息素养的形成起到潜移默化的作用。一方面，有关部门应进一步加强大众媒体特别是网络媒体平台的建设，及时提供权威、科学、真实的信息，传播正面、主流的意识形态，抑制不良信息和舆论的传播；另一方面，政府应建立信息公开制度，让人民群众及时了解政府行为和事件真相，避免受到不良信息蛊惑。

2. 完善立法执法机制

完善立法执法机制应从完善立法机制和加强执法效力两个方面着手。互联网虚拟、隐匿、无约束的特性，给部分不法分子提供了可乘之机，网络诈骗、传销、色情犯罪等现象层出不穷，极大地扰乱了网络社会的正常秩序。因此，政府应针对网络基础设施、网络信息、网络业务、信息安全等方面制定法律法规，以确保国家安全、社会稳定，以及公民身心的健康发展。此外，相关部门还应培养一批高素质的网络执法队伍，严格执法，加大对网络违法行为的打击力度。

3.提高监督管理力度

政府部门应采取一定的技术手段和行政手段,用以监督、管理网络信息文化。为适应高速发展的网络环境,尤其要注重提升监督队伍的技术水平,加强对网络的控制能力,及时堵截和清除垃圾信息,创造一个健康、文明、安全的上网环境。

(二)完善信息素养教育机制,构建大学生信息素养课程体系

针对大学生信息素养培养现状,有必要建立一套包括社会、学校、家庭在内的三方联动机制,进而形成信息素养的终身教育。一方面,高校信息素养评价标准是该领域的重中之重,不仅影响人才的培养,更关系到国民素质的整体发展,但我国还没有统一的大学生信息素养教育标准,制定适合我国国情的大学生信息素养教育标准势在必行;另一方面,信息素养教育是涉及信息学、计算机网络技术、教育技术等领域的综合学科,所以,需要各部门、各学科统一合作,应以培养学生的信息意识为先导,转变学生观念,以培养信息能力为核心,提高学习及科研水平。

(三)重视图书馆教学的更新与转变,将图书馆核心作用发挥得淋漓尽致

高校更新教学模式和教学内容时应达到及时性要求,有效增强教学主动性,保证图书馆的核心作用能充分发挥出来。具体来说,教学形式应突破传统的教师单向讲授,增加学生经验分享的讨论小组,提高大学生信息素养教育的参与程度;图书馆可定期举办信息知识竞赛、信息技能操作比赛,以增强学生学习的能动性;分学科开展文献检索课程,针对某一学科或专业领域具体讲解相关数据库的使用方法,使大学生的学习目标更为明确。

(四)营造良好的教育氛围,创设健康的校园网络文化

培养大学生信息素养离不开学校优质的硬件设备和软件资源,更离不开健康的校园网络文化,所以,高校应当从以下几方面

做起。

第一,高校应最大限度地为大学生提供方便快捷的上网条件。

第二,利用校园网络开展信息素养教育,搭建信息素养公共学习平台。

第三,加强网络文化建设,宣传绿色校园网络秩序,引导和鼓励在校大学生合理、合法地使用网络。

第四,创建和谐的网络交流平台,如设置网络心理咨询中心,针对大学生感兴趣的话题在线交流,营造轻松的交流氛围。

(五)建立信息素养自检系统,提高大学生自主学习能力

创建一套大学生信息素养自检系统尤为必要,一方面便于大学生随时检验自身在现阶段的信息素养水平,另一方面便于大学生结合自身状况给出具体建议。除此之外,大学生要积极发挥主体性与独立性,设法使自身的自主学习能力得到有效增强,进而顺利达到自我管理和自我教育。

综上所述,培养大学生信息素养是一项系统工程,不仅要发挥国家政府的主导作用,也要发挥高等院校的核心作用,还要把学生个人作为目标,在此基础上建立集系统性特征和针对性特征于一身的培养策略,进而使大学生的信息素养水平得到大幅度提升,为我国源源不断地输送高科技人才。

第二章 信息化时代体育教学思维发展透视

体育教学思维是体育教师利用教育思维对教学现象、活动及其问题的专业思考,是体育教育思维的核心。它需要综合科学、艺术和工程思维的视角和特征,通过思考如何针对学生体育学习和发展的特点,利用体育课程资源,组织体育教学活动来达到预期的体育教育目的。信息化时代对体育教学思维提出了更高的要求,体育教学思维也在新的历史时期不断更新与发展,有力推动了体育教学的发展。本章主要就信息化时代体育教学思维发展进行研究,主要内容有教学思维概述、体育教学思维的转变与发展以及信息化时代体育教学思维的创新与发展。

第一节 教学思维概述

一、教学思维的概念

关于教学思维的概念,不同学者提出了不同的看法,比较有代表性的是代建军和刘庆昌的观点。

代建军指出,教学思维是教师通过对教学现象和教学问题的分析、比较、综合、概括、联想、预见等形成教学的观念或信念,进而作出判断、计划和决策以影响教师教学行为的思维活动。①

---

① 李志厚.论教学思维的属性、特征与修炼[J].课程.教材.教法,2016(10):32.

刘庆昌指出,教学思维是人类的教学实践理性,是教学理论认识在教学实践面前的凝结,也是教学实践经验在人们认识中的凝结。教学思维本质上而言是一定的教学观及其支配下的教育操作思路的统一体。[①]

以上关于教育思维概念的界定广受认可,综合这两种观点,我们对教学思维的定义总结如下。

教学思维指的是教师从专业视角对教学问题进行思考和作出判断以及回答、议论和解决的认知过程。[②]

二、教学思维的特征

教学思维具有以下几个特征。

(一)动态性

教学活动的主要特征就是以师生群体间的互动为主,具有动态变化性,师生在教学前、教学过程中和教学后,认知、情感和行为等都会有变化的可能,教师为了让所有学生能获得更好的学习机会,为了将学生积极主动学习的热情激发出来,为了促进学生学习能力的提高,会思考各种有效的活动,而这些活动都具有不确定性、多重选择性和发展变化性。选择不同的活动,会得到不同的效果,而不同效果又可能会带来新的变化。

(二)复杂性

在教学活动中教师要综合思考很多因素来设计、实施和评估教学活动。教学主体数量较多,而且是动态变化的,因而,他们之间的关系相当复杂。这种情况下,教学者面临的难题是引领教学主体朝预设目标方向前进。

教师的主要职责是传道、授业、解惑。在履行职责的过程中,

---

① 李志厚．论教学思维的属性、特征与修炼[J]．课程．教材．教法,2016(10):32.
② 李志厚．论教学思维的属性、特征与修炼[J]．课程．教材．教法,2016(10):32.

他们必须对传道的内容,授业的方式,需要解答的"惑"等各种问题反复思考,这就构成其思维的复杂性。

(三)应用性

教学本身就属于一项实践活动,教师只有在具体的教学情境中适当运用自己的教育观念、教学原则和教学方法,才能更好地解答科学常识问题,解释以取得共识的规范管理问题,解决课堂难题。这个过程体现了教师从知道、理解到分析、判断和解决问题的过程,是教学思维应用性特征的具体体现。

(四)综合性

因为教学的思考对象不仅需要教师对教育目的、课程、学生、教学过程、课堂环境、评价以及教学技术等要素进行考虑,而且要对自己的个性特征、所用的教学策略、管理方案以及师生关系等综合因素加以考虑。

(五)元学科性

教学思维思考的问题是很多的,某学科或课程的改革、研究与发展问题是思考的基本问题,如何通过教师的教学,使学生学会知识并学以致用的转化问题也是思考的重点。这样才能对学科的概念、价值、结构、方法以及其思维方式等有深入的认识与理解,才能对其他学科的教学产生正迁移作用。

因此,教学思维不仅是从纵深方向思考该学科或课程本身,而且还考虑如何将该学科或课程中有价值的内容从教育者身上向学习者身上转化迁移,以促进学习者的发展。这是一个元认知或元学科式的横向思考,涉及以下几个问题。

(1)如何使学生能够认识、理解和思考这门学科或课程的内容。

(2)如何促进学生在该学科或课程的学习和思考中获得某些发展。

(3)如何根据学生的学习和发展状态对教育者的观念、态度、行为和活动进行调整等。

以上教学思维的特征所指向的问题不同,具体如下。

第一,动态性主要指向教学转化问题的解决。

第二,复杂性主要指向教学融通问题的解决。

第三,应用性主要指向从"知"的分析到"行"的解决的关键。

第四,综合性主要指向教学格局问题的解决。

第五,元学科性主要对教学问题解决的认知前提条件进行调整。

三、教学思维的修炼

(一)学以致知

掌握教学知识和教学技能需要学习相关内容,教学思维的形成与发展同样也需要学习相关内容,具体包括以下几方面。

第一,知道什么样的教学观是科学正确的,对不同教学现象和概念都能清楚地了解,学会运用恰当的教学观对教育教学问题进行分析和解决,对于教学框架、过程、环节、方法手段、策略工具等要知其然,知其所以然。

第二,及时对教育宗旨、培养目的、教学目标进行反思。由此对改革与创新教学内容、教学过程、教学环境、教学方法及教学评价等教学要素展开思考。

第三,理解在何时何地用什么方法调整什么环节,学会施加正面影响。例如,当学生学习积累达到一定程度后,应促使他们转变为同化学习;同化学习中当学生遇到"高原现象"时,应促进学生向顺应学习状态转化;当学生对几种学习方法已经熟悉,应促使他们转变为超越学习,并灵活加以运用。

总而言之,对教学思维学以致知的目的主要是理解如何运用已知的教学观、知识、方法、技能和经验等,对未知的、不确定的、复杂的、变化的教学问题进行解答、解释和解决。此外,还要认识到教师的基本素质、思维方式及知识结构等会从很大程度上直接影响教学思维的提升和发展。

（二）习以致会

如果只做到学以致知，离真正学会教学思维还有差距，只有在教学思维的修炼中形成技能，在实践中提升能力，才能实现对教学思维的真正拥有。虽然教师每一天都在进行教学思维的修炼，但不同教师修炼的机会、环境及条件是有差异的，这些直接影响高端、理性和复杂教学思维的形成与发展。对于教师而言，在教学思维修炼中最基本的练习是在理解、思考、解决教学问题的实践过程中不断学习和提升。

掌握和运用一些思维工具，可以加快学生或教师学习教学思维的速度，也可以提高学习的效果和效率。常见的工具有以下几种。

（1）利用 SMART（Specific—Measurable—Achievable—Realistic—Time-related）反思教学目标。

（2）利用 SPACE（Silence—Providingdata—Accepting without judgment—Clarifying—Empathizing）营造良好的课堂教学氛围。

（3）利用 MAKER（Method—Awareness of students—Knowledge—Ends—Relationships between teachers and students）对教学方略的选用进行调整。

（4）利用 Brainstorming Webs，Task-Specific Graphic Organizers 和 Thinking Process Maps 等工具帮助学生构建知识和思考问题。

（5）利用 AFAN（Assumptions—For—Against—Now what）帮助做出正确决策。

（6）利用 IDEAL（Identification of problems—Definition of problems—Exploration of strategies—Acting on ideas）或 DANCE（Definition—Alternatives—Narrow down—Choose and check consequences—Effect）帮助解决复杂问题。

（7）利用 ABCDEF（Aim—Big—Clear—Depth—Eye—Follows）

为线索对事情的发展态势进行分析。

对以上这些工具边学边用,有助于发展和提升教学思维。

要让教师厘清自己的思路,使思考层层递进、逐渐深刻,关键是要使其学会把教学观与教学操作思路结合起来。因此,思维导师应做的工作主要是利用"脚手架"方略将教师思考的范围进一步拓宽,使其思考的层次更加深刻。例如,启发教师对课程的学科定性、功能定位和教育定向的思考,促进教学格局的扩大;让教师按照"知其像—释其意—究其源—辨其异—明其理—解其惑—悟其道"的程序进行教学,从而更加深刻地思考与探索教学主题。

教学问题本身非常复杂,并且从不同角度着手分析可发现很多类型不同的问题,常见的有常识问题、专业问题、实践问题、观念问题、操作问题、设计问题等。如果教师可以同时综合思考这些问题,说明其教学思维较成熟;如果教师可以从正确教学观、理论的角度出发并用适切的方法进行思考,则说明其思维层次较高、程度较深;而如果教师可以"度以往事,验以来事,参之平素"进行决断,说明其思维卓越。

以不同平台、集体、团队、课题、事件案例为中介,教师可以练习和应用教学思维。例如,国内有一些教师专业学习和交流平台(如"国培计划""天河部落""名师工作室"等),教师对教学问题进行思考和处理的案例和事实非常多,教师集体中存在大量对教学问题的思考与解决方法,教师工作团队中的实践难题或事件非常多,在教育科研课题中可能会遇到长期性、挑战性课题,教师可以将其作为一个学习共同体式的学习机会或者一面镜子来对自己专业思维的发展状况进行反思,从而掌握正确的方法和技能进行背景、问题、目标、对策等要素的分析。

(三)用以致能

新教师与专家教师、名教师经过一段时间的交流学习和思维练习之后,便可以独自思考和解决教学中遇到的问题,如确立教学目标、选用教学内容、分析学生问题、布置教学环境、解决课堂问题以及运用教学评价方式或工具。

教师在行动研究过程中分析和探究各个环节问题，深入开展教育科研课题等，既需要认真说明、解释、分类、比较、构思、推理、设计，又需要仔细观察、迅速决断、坚定实施和灵活解决，其中涉及以下问题。

（1）教师以正确教学观审视思考的问题。

（2）教师以正确教学观洞察教学背景的变化。

（3）教师以正确教学观透视问题发生的原因。

（4）教师以正确教学观确定解决问题的方案。

（5）教师以正确教学观实施所选问题的解决方案。

（6）教师施教的热情、敬业情怀和聆听习惯等。

（四）行以致远

为者常成，行者常至。教师在不同途径、平台和条件下学习和运用教学思维，不仅需要彼此之间相互动之以情、晓之以理、悟之以事，更重要的是要持之以恒地学习、练习与实践。前三者可以达到知道、理解、学会教学思维的效果，而后者则可以使教学思维更加熟练、灵锐、增强。

教学思维就是一种同时动用心智、心态和心灵几方面力量来解答、解释或解决教学问题的过程。而这个过程对教师教学思维的锻炼具有以下意义。

（1）不断促进教师通过解码将教学数据转化为教学信息。

（2）通过联结原有经验与新信息，促使教师将教学信息转化为教学知识。

（3）通过有效应用教学知识，促进教师转知为能，把思维从知道、理解教学问题的低端水平提高到分析、解决、评价教学问题的高端水平，从而进行更有针对性的教学改革和更有意义的教学创新，真正展开灵魂教育。

第二节　体育教学思维的转变与发展

一、体育教学思维转变与发展的基本方向:从简单到复杂

(一)简单思维

作为一个具有高度综合性、概括性的哲学范畴,思维方式同一定的世界观有着密切的联系,是一定世界观在人脑中的内化。恩格斯强调"每一时代的理论思维,包括我们时代的理论思维都是一种历史的产物,它在不同的时代具有非常不同的形式,并同时具有非常不同的内容"。① 简单性原则在近代以来就一直是哲学和科学研究的重要传统和主要发展动力,简单的世界观被当作"真理"而不容挑战。简单性思维源于简单性原则,人们认识世界、认识自身,都将此作为主导思维方式。因此,主导整个世界的核心范式主要包括科学主义、工具理性主义、技术操作主义和还原论。

简单性思维并非是简单化处理问题,而是在解决问题时总是坚持简单思维方式,该方式具有线性、还原性、封闭性、静态性等特征。总的来说,简单性思维把系统看作是一个单一因果关系的线性相互作用系统,对总体和系统的认识还原为对组成它们的简单部分或基本单元的认识;系统处于平衡态,没有与运行环境进行物质、信息、能量等交换;系统是规则的、有序的、确定的、可逆的。简单性思维主要表现为还原论和线性因果关系的观点。

在简单性思维方式的指导下,宇宙乃至万物不分物理、生物或社会层面,都可以简化为机械,各个组成零件相互作用(作用渠

---

① 赵闯. 从简单到复杂:体育教学思维方式的转变[D]. 南京师范大学,2007.

道是精确可测的线性因果关系)。如果可以对各个零件及其作用进行完全解析,就可以认识世界万物。现在简单性思维逐渐成熟,并成为人们探索万物的一个重要方式。

简单性思维在教育教学理论中的表现主要有泰勒的课程开发的经典逻辑程式、赫尔巴特的目的—手段的道德教育范式、卢梭的自然主义教育观、斯宾塞的科学主义的课程观等。

可以说,简单性思维是建立教育教学体系的主要依赖,这也深深影响了体育教学领域。

需要注意的是,随着时代的进步与研究的深入,简单思维方式的还原论和线性因果作用与当代科技及社会迅猛发展的客观要求不符,开始对人类思维的发展造成制约,并对科学技术和社会发展造成了不好的影响,其话语权正在逐渐消失。但我们不能因此就完全否定简单性思维,简单性思维方式作为人类认识的一个重要阶段,在人类思维史上的地位依然不可动摇。

陷入困境的简单性思维已无法继续驱动人类认识世界,此时用复杂性观点探索世界已成为一种潮流,复杂性思维在这股不可阻挡的潮流的推动下最终登上历史舞台。

(二)复杂思维

复杂性思维方式产生于复杂性科学兴起的背景下。当代科学内在逻辑的发展和整个科学范式的转变要求人类探索世界的思维方式从简单性向复杂性思维转变。复杂性思维与线性、还原、封闭、静态的简单性思维方式不同,其具有以下特征。

1. 非线性

非线性与线性是相对的,线性与非线性本来是一对数学概念。线性指的是两个变量之间的正比例关系,在直角坐标系中呈直线。非线性指的是两个变量之间没有直线关系(正比例),即曲线性。复杂性与简单性相区分的一个基本尺度就是非线性。具有线性相互作用的系统和具有非线性相互作用的系统在现实世界中存在本质上的不同。线性相互作用的系统是单一、均衡的。而非线性从本质上来说是复杂的,线性的相互作用和规则简单的秩序不是定则,只是一种特例。既然从本质上讲世界是非线性的,因此,必须用非线性思考来展开对世界的探索。

非线性系统是多样性的,这是其第一个整体特征,复杂性来源于多样性。我们要从不同的层次、角度、途径展开对复杂非线性系统本质的认识与探索,而不能只是简单地进行一因一果的解释。在一个非线性复杂现实中,虽然简单性思维是理想的,但却是不切实际的危险思维。

2. 生成性

从生成性观点看,世界并不是固定"存在"着的,而是处于不断生成和演化的状态中,这体现了世界的不确定性特征。法国哲学家柏格森在现代科学的思维中引入了创造性和新奇性,从而对近代机械的思维模式造成了极大的冲击。柏格森指出,自古希腊以来西方民族思维就将连续的运动轨迹分割为一些质点,这些质点是不连续的、静止的。从这一角度出发,世界便是僵化不变的、确定的,这与生生不息的现实世界截然不同。这表明他们对动态的、连续的现象的处理还不成熟。

柏格森的"绵延"概念说明世界是动态的、持续不断变化的。同时,这种绵延状态还表明世界不可预测、不可重复性,会源源不断地出现新形式。怀特海作为系统哲学的先驱者、过程哲学的创始人,同样认为物质的构成具有精神特性。所以,将世界看成单个物体的集合是不科学的,它是一个复杂的动态过程。在众多理论的支撑下,科学界慢慢认同了复杂性思维方式。

3. 整体性

还原论的思维方式把世界还原为机械运动,进而将其分解为相互联系的基本零部件,以此来对世界的结构与功能进行探索。但每一步还原本质上都是在切割整体、过程、复杂性,原有的部分关系和属性因此而消失。所以,我们认识的世界只是"自然的碎片",与真实的世界是不同的。

整体性强调系统的性状不会体现在部分中,系统的整体呈现了各个组成要素本身不具备的新特征,同时,事物各要素与整体存在内在的重要联系,这与还原论是完全相反的。因此,复杂性科学也被称为"非还原论科学"。

4. 开放性

从简单思维角度来看,系统是封闭的、孤立的,处于平衡态,没有与其运行环境进行任何形式的交换,所以是一片"死海"。具有开放性的复杂思维理论认为系统是开放的,远离平衡态,与其运行环境时刻进行不同形式的交换,强调系统与环境之间的密切联系,坚持个体只有在与环境、背景的相互关系中才能得以存在、定义、描述和认识。所以,复杂性方法要求我们在思维时不要封闭概念,要突破封闭的圈,重新为分割的、片段的东西建立联系。复杂性思维方式所得出的结论与现实世界的真实图景更接近,将促使人们的思维方式发生转变,即由简单性转变为复杂性。

在体育教学领域,我们往往只习惯简单性思维,忘记了复杂性思维。深入了解复杂性思维,研究二者的区别和转换,能够为体育教学思维的转变及研究提供新的方向。

二、复杂性思维审视体育教学的必要性

(一)体育教学内在逻辑的发展

复杂性科学被称为"世纪的科学",体育教学理论在 21 世纪的发展将面临更多的机遇,但也存在一些问题和挑战,新世纪的发展并不简单地指延续 20 世纪发展路线。在 21 世纪,体育教学研究人员要勇于将传统局限的体育教学理论框架打破,对体育教学本身和相关理论重新审视,对体育教学发展的新思维进

行探索。

由用简单性思维转变为用复杂性思维对体育教学进行分析，可在体育教学考察与研究中形成新视角。这种研究视角与人性化、丰富多样、复杂的体育教学系统更契合，理论意义与实践价值更突出。

(二)体育教学主体的复杂性

体育教学中的复杂问题有很多，在体育教学系统要素中教师、学生是两个主体要素，他们的成长过程极其复杂，这主要由自然的多样性、社会的多变性所决定。人是复杂的，从生物、社会、心理等方面进行考察都可以得出这个结论。人是世界上最为复杂的存在物，这也造成了体育教学难以想象的复杂性。

体育教学中，人的复杂性主要体现在以下两个方面。

一方面，由于师生年龄、阅历不同，所以，知识结构、价值取向、思维方式等方面存在差异。

另一方面，班级间的差异，学生个体的差异，如体质、健康水平、兴趣爱好等，这种差异性主要体现为学生发展的速度和水平各不相同。

所以，体育教学中选择教材内容、应用教学方法、安排生理负荷都应因人而异。

同时，体育教学中也存在诸多复杂关系，如师生关系、生生关系、合作关系、朋友关系、亲缘关系等。每一种关系都会影响关系中的人。另外，师生、生生还生活在体育教学关系之外的其他关系中。每一种关系都会影响师生、生生，因此，也会影响体育教学。处于关系中的每个人都是相对独立的个体，但个体之间的联系不容忽视，个体之间相互影响。

(三)体育教学其他要素的复杂性

作为学生知识源泉和知识信息载体的体育教材通常有两种类型，一种是显性教材，另一种是隐性教材。

教师的教态、教学常规要求、教学场地器材的设置都属于隐性教材的范畴,这些对学生有重大影响,但在具体的教学内容体系中没有将这些列入其中。同一个体育教材在不同师生身上产生的影响和引起的变化可能不同。

体育教学系统是教育系统的重要组成部分,教育系统是社会系统的重要组成部分,社会系统和教育系统都是体育教学系统的环境。体育教学系统为社会系统服务,为社会培养人才;社会系统调节、控制体育教学系统,如社会的人才需求和社会提供的物质与精神条件对体育教学有直接影响。

体育教学主要在户外进行,教学环境既包括物质环境,又包括心理环境和社会环境(表 2-1)。需要注意的是,时间也是重要的环境因素。可见体育教学环境极其复杂。

表 2-1 体育教学环境要素

环境类型	环境要素
物质环境	教学场所
	卫生设备
	图书资料
	生态环境
心理环境	校风
	学风
	观念
社会环境	校际和班级交往
	舆论气氛
	学习氛围
	师生关系
	生生关系
	课余生活
	教学管理
	社会对体育教学的重视程度

(四)体育教学研究的简单化倾向

体育教学作为一个复杂系统,其中包含的复杂性现象非常多。而在当前的体育教学研究中,简单性思维方式占主导,因此,体育教学研究的简单化倾向十分明显。体育教学研究不全面、不深入、不透彻,体育教学实践的指导意义就会受到影响。具体说来,这些简单化倾向主要从以下几方面体现出来。

1. 追求还原论,忽视整体性

将体育教学分割成几个相互联系的部分,用部分说明整体,将部分之间复杂的非线性作用及其产生的系统"涌现性"忽视了。具体表现为单单只追求突破体育教学的一个环节或一个部分(如教学目标、课程设置、教学方法、教学模式、教学管理、教学评价等),而忽视了整体改革与发展。

2. 追求普适性,忽视特殊性

一部分研究者对具有普适性的体育教学框架过分追求,将一些普遍的法则抽象地提炼出来,实际上却将体育教学的复杂性忽视了,这样构建而成的教学理论体系是枯燥的、教条化的。他们往往只重视如何构建普适性理论,而将特殊的或局部因素研究忽视了,甚至切割特殊的因素,不顾教学中的各种可能性。

3. 注重结果,忽视过程

注重结果,忽视过程具体是指一味追求确定性的结果,而将丰富复杂的过程忽视了。有些研究者希望将永恒不变的、一劳永逸的教学方式找出来造福体育教师和学生,对于体育教学中的随机因素和动态变化他们并没有重视。例如,体育教学的"三段式教学"或"四段式教学"具有教条性。

4. 实证研究存在错误偏向

20世纪80年代后期,为了满足我国体育教学实践的需要,研究体育教学的内容有了大量的增加,这主要反映在两方面。一方面是各级各类研究课题的性质不断凸显;另一方面是各种著作与教学论文的内容不断增多。然而,在研究体育教学的实践工作中出现以下两种偏向。

(1)在实证研究中没有理论基础作指导,理论证实还未提升到一个新的高度。也就是说,体育教学研究的成果缺乏科学性与可信性。因为从体育教学的一些研究成果中发现,研究只是简单地总结了体育教学工作的经验,没有用理论予以充分论证。

(2)对定性研究的重视程度不够,把研究重点都放在了定量研究上。近几年,定量研究在体育教学的实证研究中占据绝大多数,这些定量研究的结果都是通过问卷调查而总结出来的,鲜少有定性研究。

5. 对研究对象特殊性的认识不充分

体育教学研究的关注重点从实质上来说,就是学生理想的生成与发展,价值引导和职能构建是体育教学的两个基本点,它们是相互规定、联结、制约与对应的复杂关系。体育教学研究应主要把学生的生活世界与自立交往活动作为关注的重点。从这一点来看,体育教学研究不管性质如何、内容是什么,都要以积极促进学生的健康成长和发展为中心来进行重点研究。教师与学生的活动作为体育教学的研究体系是复杂的,富于变化的。尤其是学习与生活以及自我发展的主体——学生更是复杂多变的。所以,研究其他学科的方法不一定适合研究体育教学。

6. 研究成果缺乏实用性

体育教学研究应该具有很强的实用性,实用性主要从两方面体现,一方面是要通过科学的检验来对体育教学的研究成果进行考证;另一方面是研究成果要具有实际应用的价值。然而,有些体育教学研究的成果就缺乏很强的实用性,主要是因为其研究没有专门的针对性,研究工作单纯是对热点的追捧,而非从实际需要出发进行的。

体育教学的研究工作辛苦而庞杂,需要研究人员经过长期耐心观察、思考、分析与论证才能取得研究成效,而不能凭借主观盲目论断或窃用他人的教研成果。体育教学研究的过程应该是研究人员将实践上升到理论的创造过程。所以,体育教学研究要强调来源于实际需要、应用于实际需要的实用性。

7. 重复研究,没有创新

体育教学研究首先要对所要研究的问题有所明确,然后选择价值与意义较大的选题,并对其进行科学的检索,了解其当前的研究现状,寻找新的研究切入点。研究人员经常对已经存在的研究成果进行重复研究,这样的研究缺乏创新,没有实际意义,而且浪费时间。因此,体育教学研究要力求创新,避免重复。

(五)体育教学新范式的形成

体育教学新范式的形成,不仅需要以体育教学实践为基础,更需要以一个新的角度来观察、审视、思辨、理解。某种程度上而言,思维方式的转变体现了教学理论的变革。在体育教学研究中采用复杂性思维非常重要,但目前从现有的文献情况来看,这方面还没有前人直接的研究成果,整个教育领域中也鲜有这样的研究成果,说明这个研究角度是崭新的,这既是新的机遇,又是新的挑战,对每个体育教学研究工作者而言都是不容错失的。

复杂性科学研究刚刚兴起,教育领域和体育领域都应积极参与,在复杂性科学研究中占有一席之地。复杂性思维为体育教学研究提供了一个新的方向。

三、复杂性思维的体育教学启示

(一)人的全面和谐发展是体育教学的元基点

用复杂性思维审视体育教学的前提与出发点是人的复杂性

和完整性。简单性思维视角下的体育教学将人简单化为物或将丰富而具体的人简化为"抽象的人",因此,细枝末节可以忽视,将实质性内容作为重点研究对象,将复杂现象还原为简单过程。在现实中主要表现为,简化处理本身丰富的、能够催生复杂性的因素,如知识、情感、能力、态度、价值观等。但这样就等于将体育教学的合理内核去掉了。

人的复杂性是体育教学复杂性的首要体现,个体生命的独特性决定了人的复杂性。从根本上来说,简单性思维将标准化、效率至上作为主要追求,但这样往往会抑制复杂的生命个体,体现不出体育教学的复杂性、激情、挑战和生命活力,学生也无法发挥自己的朝气、灵性和个性。

联合国教科文组织的报告《学会生存》将人看成是终生未完成的人。终身体育必将是从生成的视角关注人的复杂性,这意味着体育教学活动与人的物质生命发育、精神生命成长相关联。体育教学改革的出发点是学生的发展,改革的最终归宿是实现学生的全面发展,体育教学在未来的改革将"以人的全面发展为最高价值,强调体育的教育功能和综合价值。"①

(二)生成中的不确定性

体育教学是复杂的系统,复杂性思维要求我们在体育教学研究中对教学过程、教学演化、教学模式的展开进行研究,而非研究教学状态、存在及模式的性质。从复杂性思维的观点看,体育教学是不断生成和演化的,充满不确定性。简单性思维与体育教学的不确定性存在根本上的背离。

体育教学是一个动态生成过程,较为复杂,各种教学事件时刻都会发生,处于不断创造和变化中,正因如此,体育教学的未来发展有无限的可能,这就增加了对现实教学过程预测的难度,难以确定。一般来说,体育课的具体行进状态以及教师当时处理问

---

① 赵闯. 从简单到复杂:体育教学思维方式的转变[D]. 南京师范大学,2007.

题的方式是决定教学过程推进速度及最终结果的主要因素。从这个意义上说,体育教师虽然教一门课,面对同一批学生,但他们每节课上都会遇到不同的情况,经历不同的过程,每节课都是唯一的,不可重复,是一系列丰富的、具体的教学要素的综合。

(三)挑战决定论

体育教学在简单性思维视野下是线性过程,是确定的,可以将其还原成固定的机械来分析。知道教学的初始条件,就能将教学的结果明确下来。只要精心准备教学初始条件,完全监控教学过程,就可以充分保证教学质量。简单性思维力图根据某一初始条件说明一切变化,但这忽略了体育教学过程的复杂性和不可预知性。

对于体育教学复杂系统而言,任何初始条件的微小变化通过叠加作用都会引起结果的巨大不同,而且不可预测。体育教学起始条件的差异性(教学内容的多元性、师生个性差异性等)造成了教学过程的动态生成性,起始阶段的微小变化会使整个动态过程的进程发生大大地改变,而变化路径一旦改变,整个过程就难以预测了。

由于教学因素间非线性相互作用,甚至纯粹由于突发事件的影响,致使教学活动最终朝某一特定方向发展。就教学方法而言,这种差异性主要表现为面对不同学生使用同样的方法,或者在不同教学环境下使用同一种方法,会取得不同的甚至是截然相反的教学效果。

(四)开放性的自组织

复杂性思维强调体育教学系统与环境的密切联系,个体的存在离不开与环境、背景的相互关系。所以,体育教学要面向生活和社会,逐步与健康教育、社会生活和校园文化相融合,这样"健康第一"和"终身体育"的教学理念才会有应然的逻辑立足点与具体教学实践坚实的落脚点。

在复杂性思维的视野里,自组织是一个极其重要的特征,与环境没有任何交换的封闭系统出现自组织行为的可能性为零,系统要产生自组织运动,必须对环境开放,也就是与外界进行物质、能量、信息等不同形式的交换。在体育教学中表现为主动与外在环境保持开放性,通过非线性作用发生自组织过程。

体育教学环境具有开放性,平等、和谐、宽松的教学环境对于提高体育教学效果非常有利。在这样的教学环境中,学生远离平衡态,自由想象的空间与机会很大,每个学生的独特见解都是非常重要的教学资源,不能将此作为影响体育教学的不和谐"噪声",广泛的、开放的教学系统能够自组织地形成高度有序的创新结构。

简单性思维视野中的体育教学被限制在简单的、更易于控制和预测的范围之内,完全忽视了体育教学自组织过程(建立在非线性关系上)。所以,只能完全按照事先预定的程序进行体育课堂教学,偏离秩序就会造成教学失败。对于老师提出的规范和要求学生严格遵守,甚至教师规定了每项活动的时间,精确到分、秒。体育教学过程成为严格执行教案的展示,虽然教学任务可以顺利完成,却无法展现教学本身的创造性。

在复杂性思维的指导下,应从以下几方面来优化具有开放性和复杂性的体育教学环境。

1. 利用自身优势策略

在体育教学环境的设计优化中,将学校已有的有利环境条件充分利用起来,为体育教学活动创造良好的环境。不同地区、不同学校的环境条件是有区别的。每个学校在环境上各有特点和优势,学校应从自身已有的环境出发,将自身的优势特点充分发挥出来,这样不但能够节约新环境设计与优化的成本,还能对整个学校的教学环境进行改善,给体育教学环境的设计与优化带来新的突破。

例如,可以根据山地优势,设立越野跑、登高跑;北方学校在冬天可以借助雪资源的优势建立临时的滑冰场等。每个学校只要坚持从复杂性教学思维出发充分挖掘本校的优势资源,发挥潜力,都能极大地提高体育教学的效果。

2. 整体协调策略

在体育教学环境的改革优化过程中,学校教职人员应从整体出发,树立全局思维与观念,将整体的利益重视起来。首先,从整体上规划调整体育教学环境的各个要素;其次,调整局部;最后,把各种环境要素有机协调为一个整体。这个过程较为复杂,因为体育教学环境的构成要素非常多。

在具体操作中我们要对体育教学环境的特点进行考虑,把各类体育场馆、运动场地、设施与学校其他教学设施、校园绿化、各类装饰结合起来,建立和谐的师生关系、形成积极的校风班风以及优良的体育风气。协调统一各种体育环境因素产生的影响,使它们向着对学生身心健康有利的方向发展,最终为学生的全面发展而服务。

3. 培养学生自控能力策略

不仅体育教师要重视对体育课堂教学环境的调节控制,而且学生也要发挥自身在体育课堂教学环境调控与优化方面的作用。教师要对学生的自控自理环境的能力进行培养,使学生能够对体育教学环境独立进行调控与管理。

在体育教学过程中学生是被教育者,学生和教师都是教学环境的主人。在体育课堂教学环境的建设中,学生往往发挥着与教师同样重要的作用。良好体育教学环境的创造离不开学生的参与,需要学生的大力支持及其与教师的配合。学生是教学的主要对象,学校建设各类场馆或创造各类教学环境都是服务于学生身心发展的。例如,建设良好的学风班风、绿化美化校园环境、装饰与布置教室、维护各类场馆场地及学校纪律与秩序等,都与学生密切相关。为此,体育教师要将学生在体育课堂教学环境建设中的参与主动性和积极性充分调动起来,培养其对体育课堂教学环境的责任感,促进其控制和管理环境能力的提高。只有师生相互配合,对良好的体育课堂教学环境共同创建并共同维护,推动优良的体育传统和风气的弘扬,才能使体育课堂教学环境变得越来越和谐、美好,在这个过程中还有利于促进学生综合素质的提高。

（五）起点的不公平是最大的不公平

起点的不公平是简单性思维视角下进行体育教学评价的最大误区。用相同的标准、方法对所有学生、教学过程进行评价,将学生的个体差异、不同教学内容和教学过程的差异从根本上忽略了。简单性思维认为,体育教学评价结果越精确、越接近标准,就越科学,但复杂性思维却认为体育教学本身就是复杂变化的,所以,评价标准应该是多元的、模糊的。在复杂性思维的视野中,一些之前被视为对体育教学评价的科学性造成影响的因素,如教学评价者的价值倾向被视为教学评价的参考关键。

（六）淡化教学规律和教学的情境化

简单性思维认为,具有普遍意义的教学规律潜藏在复杂的体育教学现象背后,只要从中将具有普适性的、可操作化的教学程序概括出来,教学的成功就有了保证。从复杂性思维的角度来看,规律不是内在的、本质的、必然的联系,而是事物发展的稳定的联系。教学规律的存在只是反映了教学中存在一定联系,但不能因此就对教学本身进行概括总结,以往研究的问题主要就是将无限的可能用有限的稳定联系替代了。

因果联系和非因果联系的本体论地位在马克思主义哲学中已经被认可,世界是有规律的,但也是不可预测的,应在这个认识的基础上以辩证统一的观点来研究二者。

体育教学无法排斥偶然、个案、情境,这是与其他教育活动的相同之处。体育教学活动的现实和任何一种教育"规律"相比都是相当复杂的,体育教学活动是动态变化的,而简单性思维忽略了这一点。复杂性思维要求我们从探求普适性教育规律的偏执向教学情境化意义的寻求转变，不要对教学事件视而不见，积极应付一些偶然因素，正确对待教学中主观意图的"失败"，扩大体育教学空间，激发学生的创造潜能，才有可能在具体的教学实践中真正落实"以人为本""发展学生的个性""因材施教"。"教学有法，教无定法，贵在得法，重在创法"，这从复杂性思维对体育教学的探究中可以得到合理解释，这也是体育教学从科学向艺术升华的途径之一。

（七）单项最佳与整体最优

复杂性思维的观点认为，自然界的事物本身都不简单，只是被人简化了，将复杂事物简单化是还原论的主张。体育教学这个系统非常复杂，整体功能与部分功能之和之间并不能简单地画等号。体育教学具有非线性关系，不可以简单地将各部分叠加起来，因此，不要做一些像局部均衡分析和局部最优化行为等这样的无用功，因为毫无意义可言。一味追求某个单项或局部的发展并使之最优化，这并不能解决问题，其他问题并不会因为一个问题的解决随之迎刃而解，而且其他问题不但解决不了，甚至其他问题的发展也会受到制约，这就会影响系统的整体功能。

在我国教育领域中，与其他学科教学相比体育教学始终处于弱势地位。竞技体育在我国体育界一枝独秀，群众体育、学校体育的发展相对落后，素质教育离真正实现还有很长的路要走，体育教学很多情况下被当作运动训练的手段。复杂性思维关注的是"整体最优"，而非"单项最佳"。"木桶理论"中，体育教学不应该是最短的木板。体育教学系统十分复杂，这就决定了简单地将整体行为分解成各个部分，逐一分析、各个击破是不可取的。

体育教学改革不是单项突破体育教学目标、方法手段、模式、评价等体育教学要素，而是整体协同配套改革，牵一发而动全身。因为体育教学对象不是由德、智、体、美等各种素质简单叠加而成的人，而是"整体"的人，体育教学中应该关注全体学生和"整体的人"，而不是一部分学生和德、智、体、美等个别素质。在复杂性思维的道路上，简单思维所倡导的行为是行不通的。

复杂性思维不仅给予我们以上诸多启示，它还揭示出计算机和信息技术介入体育教学是势不可当的。这是当今社会发展的时代特征在体育教学领域内的投射，建立在新开放技术平台上的体育教学将取得更好的发展。

四、体育教学中引入复杂性思维方式应注意的问题

复杂性思维在体育教学发展中发挥着重要作用，将其引入体育教学中时应将以下几个问题处理好。

(一)把复杂性当作复杂性处理

用复杂性思维对体育教学进行审视，就是用复杂性的观点对体育教学的复杂性进行审视。我们追求复杂性思维，绝不是要全盘否定和颠覆简单性思维，也不是使体育教学朝着"复杂"的方向发展，而是将"把复杂性当作复杂性来处理"作为主旨，在体育教学研究中端正态度。

(二)复杂性问题简单化

人类认识有限，很难把握复杂系统中的各种作用。因此，非常有必要采用某种简化方式，协同学从方法论角度综合复杂性与简单性，并在此基础上提出新型的简化方法，将此运用到体育教学中是非常重要的。这种方法并没有将事物的复杂性忽视，而是避免其在纷繁杂乱中发展。用复杂性思维发现问题，用简单逻辑表达规律，将复杂与简单的关系处理好，利用复杂方法做研究，使用简单原则表达结果，这是我们应该掌握好的要点。

(三)简单性问题复杂化

在体育教学发展中，复杂性思维非常重要，但简单性思维同

样重要,所以,认为简单性思维可有可无是错误的,在一些细微分析中简单性思维方式发挥着重要作用。因为这种思维方式不仅可以增强解释和预言力量,而且其理论的逻辑简明性与较强的解释和预言力量都是我们需要的。因此,两种描述和两种分析相互并存、相互补充。① 对于复杂性思维的泛化我们坚决反对,开始阶段应努力避免"简单性问题复杂化"的错误倾向。但必须注意,简单性思维的"认识的价值"并不是始终都有的,而是只有与复杂性思维结合起来才具有。保留和承认简单性思维,并非不再对其进行反思,而是打破这一思维方式的主导地位,加强其与复杂性思维的联系,使二者优势互补,在体育教学领域共同发挥作用和优势。

(四)复杂性思维是对简单性思维的超越

体育教学思维方式的转变是复杂性思维对简单性思维的超越,但这不是否定与颠覆简单性思维,更不是把复杂化的框架套在体育教学中。复杂性思维不存在一劳永逸的解决方式,但却是更好的思考问题的方式。我们不能将简单性思维抛弃,应把它作为复杂性思维的一种极限和特例包容在复杂性之中。

在体育教学研究中,复杂性思维和简单性思维缺一不可,二者密切配合可发挥重要的作用。

第三节　信息化时代体育教学思维的创新与发展

一、影响体育教学思维创新发展的因素分析

创新是一个国家的灵魂,因此,培养学生的创新能力成为当前我国进行素质教育的核心目的。个体具有创新思维是创新的

---

① 赵闯. 从简单到复杂:体育教学思维方式的转变[D]. 南京师范大学,2007.

根本所在,否则,拥有强健体魄的个体不会有创新成果。创新思维的形成和发展需要经历漫长的过程,影响创新思维形成与发展的因素有很多,如果可以清楚地认识到这些影响因素,并采取具体手段克服这些因素所带来的消极影响,必将使创新思维的形成与发展过程大大缩短。下面主要就体育教学中阻碍创新思维的各种因素进行阐述与分析,以便更有针对性地解决问题,培养创新思维。

(一)认知因素

影响体育教学思维创新发展的认知因素有以下几点。
(1)思维定式,即使受启发后也不能及时领悟。
(2)体育知识总量少,迁移能力差,缺乏进行创新思维的必要条件。
(3)技术动作表征和酝酿能力差,不能正确地感知和理解问题。
(4)体育教学中学生有一些不良的思维品质。

(二)个性因素

影响体育教学思维创新发展的个性因素如下。
(1)没有强烈的创新需要和创新动机。
(2)缺乏浓厚的创新兴趣和创新理想。
(3)没有强烈的创新热情和创新意志。

(三)师生因素

影响体育教学思维创新发展的师生因素如下。
(1)教师水平低是阻碍学生创新思维发展的主要因素。
(2)缺乏良好社会意识的集体不利于学生创新思维的发展。

二、信息化时代体育教师教学思维形成与创新发展的条件

(一)教师希望不断提高自己教学思维的意愿

如果教师自认为凭借自己现在的素质足以做好教师工作,足以满足专业发展要求,并认为自己的事业基本达到巅峰,那么,他们对教学思维不断学习、提高的欲望和热情就几乎没有,也就没有参加教学思维修炼的需要,更不会付诸行动,同时,也会失去终身学习、不断超越自我的需要。教师只有认识到自己的不足,有提升和完善自己的需要和要求,有不断提高自己教学思维的意愿,才会具备形成与发展教学思维的基本条件。

(二)教师能够得到学习和发展教学思维的机会

尽管在体育教师所处的环境中学习和发展教学思维的机会有很多,但其教学思维的发展水平或层次则受很多因素的影响。

一方面,他们的学习环境、任职学校的文化及所参与的团队不断向他们提出提高升学率的要求,所以,体育教师对低端教学思维技巧训练非常关注。

另一方面,他们的学习环境、任职学校的文化及所参与的团队启发他们思考如何利用现有条件更好地教书育人,在这样的影响下,体育教师对高端教育思维的活学活用更为重视。

(三)教师容易获得学习和发展教学思维的平台

在信息化时代移动互联网、先进技术和信息工具大量被运用到体育教学中,体育教师在选择学习和发展平台时面临的空间很大。但是否每个平台都能为体育教师提供学习与发展教学思维的环境和条件?或者说教师是否能够轻易找到锻炼教学思维的场合?这主要取决于教师自己的情况。只要教师足够认真,就能找到这样的平台。

对于教师来说,其实锻炼教学思维的平台有很多,常见的有教育科研的课题小组、学校内外的教师学习型组织、学校内部或学区内外教师专业发展共同体、互联网中专业交流微信群等。教师通过这些平台可以对思考教学问题的支点或框架有深刻地了解,其高效工作的愿望在这些平台中可以实现。

三、信息化时代体育教学中对学生创新思维培养的探讨

信息化时代背景下,体育教学更关注培养学生的创新思维能力。体育教师对课程的设计、对教学内容的组织与编排、对教学方法的选用直接受其自身教育理念、教学观、学生观、学科素养和文化底蕴的影响,而课程设计的优劣、教学内容组织与编排的合理性及教学方法选用的科学性又对教学效果有直接影响,学生知识的掌握、行为习惯的养成、思维能力的发展和社会责任感的建立等也会因此而受到非常重要的影响。因此,体育教师只有树立体育可以发展学生思维能力的理念,调动学生参与的积极主动性,才会在教学活动中不断培养与提高学生的创新思维。

(一)基本前提:激发学生的学习动机和好奇心

在体育教学中只有将学生的学习兴趣和内在动机激发出来,学生才会产生探究的欲望,才会对发现式的试探法主动掌握。学生自己通过观察、实验和思考,可以对问题情景或事物间的关系有更深刻地了解,新的思维火花才会因此而产生,进而发现解决问题的正确途径。因此,体育教师在教学过程中应做到以下几点。

(1)重视教学活动的设计,教师要设计能够吸引学生、引导学生思考的教学活动。

(2)重视教学内容的合理选择,尽可能创造条件使学生的不同需要和兴趣得到满足,从而使其在学习中表现得更积极主动,

进而提高其创新思维能力。

(二)必要条件:给予适度的心理自由和心理安全

心理自由指意识到自己是自我的主人,可以对自己的行为做自主决定的一种心理状态。

心理安全是指感到自己在被人承认、信任、理解,在受到别人的尊重时的一种心理感受。

只有完全满足以上两个条件的人,才能自由地表达思维、塑造自我。

在体育教学活动中,为了使学生满足心理自由与心理安全的条件,应注意以下几点要求。

(1)形成重视创造、尊重别人的创新表现,营造互相鼓励和交流的氛围,教师要多鼓励学生,给予学生信任,将其创新欲望和主观能动性充分调动起来。

(2)建立伙伴性师生关系,资源分享,师生共同探索,主观上"分享"经验和知识。

(3)教师应延迟评价学生的创新行为,保护学生的创新思维。

(三)重要保证:培养尊重学生的独立人格

创造性首先强调人格,而不是成就,对人格来说,成就是第二位的。自我实现的创造性强调性格上的品质,即一切能够造成这种普遍化的自我实现创造性的东西。但是忽视学生人格的培养在我国教育中一直都是一个非常严重的问题,培养学生的自主性和独立人格更是无从谈起。学生没有独立人格就失去了为"人"的根本特性,根本不可能培养自主创新能力。只有意识到学生独立人格的重要性,并尊重学生的独立人格,才能将学生的自主性唤醒,只有对学生的主体能力和主体人格进行培养,才会使学生成为自主的学习主体,以积极态度谋求自身发展,并发挥自己的创造性潜能。

因此,在体育教学中应注意以下几个要点。

(1)给学生一定的自由空间,相信他们支配时间的能力,同时,要求学生合理安排时间来完成学习任务,提高教学质量。

(2)突破传统的整齐划一教学模式,有梯度地设计教学难度,学生对适合自己学习能力的学习内容自主选择,让体育尖子"吃饱",让体育基础差的学生"吃得了"。

(3)对学生要多鼓励,多表扬,增强学生的创新勇气。

(四)重要一环:探究学习、合作学习

在体育教学过程中学生发现问题、分析问题,最终解决问题,在探索、研究的过程中对知识和技能进行掌握的学习方法就是所谓的探究学习法。[①] 运用探究学习法应注意以下几点。

(1)目的明确。教师在教学时应预先对研究计划进行确立,以便促进体育教学目标的顺利实现。目的不明确、与教学实际不符的探究活动不仅会造成时间的浪费,还会对课程目标的实现造成妨碍。

(2)与学生的知识水平相符。教师的教学必须以学生实际的知识能力水平为前提,教学前很有必要对学生基础知识的掌握能力以及技能水平进行了解,引导学生进行力所能及的探究。

(3)在教学过程中针对学生通过努力仍然有一定解决难度的探究性问题,教师应加强对学生的引导、启发与鼓励。

合作学习法指的是在体育教学中,学生在小组或者团队中为实现共同学习目标,有明确责任分工的互助性学习形式。[②] 教师在指导学生进行合作学习时,要使学生意识到自己在小组或团队中的重要性,要明确自己的角色定位,这样才能激发其责任感。实施合作学习法的程序为:合理分组—确定学习目标—组内分

① 李启迪,邵德伟.体育教学基本理论研究[M].北京:北京师范大学出版社,2014:196.

② 李启迪,邵德伟.体育教学基本理论研究[M].北京:北京师范大学出版社,2014:196.

工—明确职责与任务—协同合作完成任务—交流总结。

(五)重要途径:充分利用网络资源

信息化时代网络资源成为各个领域竞争的关键因素,随着网络的不断普及,学生利用网络资源的能力逐渐提高。使学生利用丰富的网络资源进行自主学习和创新,能够有效培养学生的创新思维能力。

在体育课堂教学中安排 15 分钟的准备活动,让学生自己设计、组织准备活动,准备活动结束后教师考评,并在最终考核中将这部分成绩纳入其中。老师点评每一位学生的准备活动,对于学生的创新之处要多肯定和表扬。

学生在准备活动设计中可以将网络资源充分利用起来,但不能照搬,要做适当的改动,复杂程度以有利于活动和游戏的组织为宜。学生可以提前和老师进行交流,向老师请教,以保证活动和游戏的顺利进行,这对发展学生的创新思维能力有非常重要的意义。

第三章 信息化时代体育教学理论与技术的应用

信息化教学手段在体育教学中发挥着重要作用,特别是在一些室内体育课中,通过丰富的信息化教学手段和材料,能够引导学生更好地参与体育课程和教学活动,促进体育教学目标的实现。本章将对信息化教学与传统教学的差异、信息化教学的要素与特征、信息化教学的基本理念与原则以及信息化教学技术的运用等进行重点探讨。

第一节 信息化教学与传统教学的差异性

一、信息化教学的概念

随着信息化时代的到来,信息技术在各个领域中都得到应用,在教育领域也不例外。信息化教学指的是在现代教学理念的指导下充分利用现代信息技术,包括网络技术、计算机及多媒体技术等在教学中的应用,调动多种教学媒体和信息资源,构建出非常好的教学与学习环境,并且在教师的组织和引导下积极发挥学生的主观能动性,使学生真正成为知识和信息的主动建构者,从而实现良好的教学效果。

二、信息化教学与传统教学的差异

(一)教学手段上的差异性

从广义上来讲,教学手段就是为了实现预期教学目的,教师和学生用来进行教学活动,作用于对象的信息的、精神的、物质的形态和力量的总和。教学手段主要表现为某种具体的教学媒体。传统的教学媒体主要有黑板、教科书、标本、模型、图表等,因此,传统的教学手段是指教师针对教学内容,运用简单的媒体单向传播教学信息的方式。信息化教学手段主要是随着多媒体技术在教学中的应用,教师将原来以教材形式存在的各种文字、图像、数据、表格转化为数字化的教学资源,利用多媒体呈现的方式进行教学。传统教学手段与信息化教学手段的差异性可以见表 3-1。

表 3-1　传统教学手段与信息化教学手段的差异

教学手段	传统教学手段	信息化教学手段
媒体特征	传统媒体	多媒体
讲授方式	灌输式的讲授	交互式指导
表现形式	单一化	多样化
信息传递	单向传递	双向、多向传递

从表中我们可以看出,传统教学过程的教学形式比较单一,主要是以课堂教学为主,教师传授知识,学生接受知识是其主要的教学活动。而信息化教学的形式是多样化的,教师在各种类型的教学环境中开展多样化的教学,如自主学习、协作学习、探究学习等。

传统教学手段主要借助单一化的媒体开展教学活动,教学媒体承载教学信息的能力比较低,传递教学信息的功能比较简单、机械。信息化教学手段具有丰富的教学功能,通过大屏幕投影清晰地传授知识,通过网络开展小组讨论、师生答疑、作业提交、网上学习和测试等,加强了师生之间的交流,培养了学生的自主学习能力。

信息化教学能够提高学习效果,信息化手段集声音、图像、文字等多种信息于一体,极大程度地满足了学生视听等感官需求,激发了学生的学习兴趣。传统教学大多数采用灌输式的讲授方式,教学信息是从教师到学生的单向传递,没有考虑到每个学生的特点,不能做到"因材施教",从而使教学比较枯燥乏味,不利于学生认知能力的发展。信息化教学采用的讲授方式是交互式指导,教师与学生之间互动交流,教学信息可以双向或多向传递,既可以从教师到学生,也可以从学生到教师,从而使师生之间形成平等的地位,有利于教学活动的有效实施。

信息化教学具有直观性,它可使形、声、色浑然一体,把一些传统教学手段无法表现的复杂过程、一些不易观察和捕捉的现象、一些无法现场呈现的场景都真实、鲜活地呈现在课堂上,创设生动、形象、具有强烈感染力的情境,调动学生学习的积极性,使学生更好地掌握知识,从而提高教学效果。

尽管传统教学手段和信息化教学手段具有一定的差别,但是它们都有各自的优点,在教学过程中它们是相互补充、取长补短的关系。我们应当将传统教学手段与信息化教学手段结合起来,实现优势互补,才能最大限度地提高教学质量。

(二)教学资源上的差异性

教学资源主要是指支持整个教学过程达到一定教学目的,实现一定教学功能的各种资源总和,主要包括教学资料、支持系统和教学环境等。传统教学资源与信息化教学资源具有一定的差异性,具体体现在表 3-2 中。

表3-2　传统教学资源与信息化教学资源的差异

教学资源	传统教学资源	信息化教学资源
教学环境	以教室为主,以课堂教学为主要教学形式	以信息技术的应用为特征,多样化的教学环境和教学形式
支持系统	教师和同伴对学习者的指导与帮助	现代媒体和学习工具对教与学过程的参与,网络信息对学习内容的补充
教学材料	书本、教科书、挂图、教学器具、课件、教学电视等	数字化素材、教学软件、补充材料等

从表 3-2 中我们可以看出,传统教学材料包括书本、教科书、挂图、教学器具、课件、教学电视等。信息化教学材料指的是以数字形态存在的教学材料,包括学生和教师在学习与教学过程中所需要的各种数字化的素材、教学软件、补充材料等,具体形式有:文本、图形/图像、音频、视频等素材类教学资源,虚拟实验室、教育游戏类、电子期刊类、教学模拟类、教育专题网站等集成型教学资源以及网络课程。

支持系统主要指支持教师有效开展教学活动以及学习者有效学习的内外部条件,包括学习能量的支持、设备的支持、信息的支持和人员的支持等。传统的支持系统主要是指教师和同伴对学习者学习的指导与帮助,以及工具书对学习者学习的帮助等。信息化教学资源的支持系统主要指现代媒体和学习工具对教与学过程的参与,以及海量的网络信息对学习内容的补充等。

传统的教学环境以教室为主,以课堂教学作为主要的教学形式。信息化教学环境以信息技术的应用为特征,包括校园网、多媒体教室、电子网络教室、电子阅览室、语音实验室、网络教学平台等,教师可以利用多样化的教学环境开展课堂教学,组织学生协作学习、探究学习,指导学生自主学习。

(三)教学模式上的差异性

教学模式是依据教学思想和教学规律而形成的在教学过程中比较稳固的教学程序及其方法的策略体系。它包括教学过程中诸要素的组合方式、教学程序及其相应的策略等。传统教学模式与信息化教学模式的差异性见表 3-3。

表 3-3　传统教学模式和信息化教学模式的差异

教学模式	传统教学模式	信息化教学模式
学生的地位	被动接受知识	主动构建知识
教师的地位	知识的灌输者	学习的指导者、帮助者
教学内容的主要来源	课本、教材	课本、教材、网络资源
媒体的作用	教师向学生传授知识的工具	教师教的工具、学生学的工具以及交互工具

在传统教学模式中教师是知识的主动施教者,学生是被动接受的对象,媒体是辅助教师向学生传授知识的工具,学生在学习过程中始终处于被动地位,扼杀了学生的创新能力。而信息化教学模式则能充分利用现代教育技术手段,调动尽可能多的教学媒体和信息资源,为学生学习构建一个良好的环境,能充分激发学生学习的主动性和创造性,使学生成为教学活动的真正主体。

第二节　信息化教学的要素与特征

一、信息化教学的要素

教师、学生、教学内容三者被看作是整个教学系统的主要构成要素,被称为传统教学系统的"三要素"。其结构如图 3-1 所示。

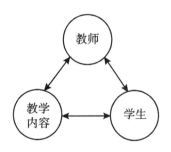

图 3-1　传统教学要素

随着信息技术的快速发展,在现代教育教学活动中媒体的作用越来越突出。正是由于媒体要素的介入,使得教学内容在传递方式和表达形式方面发生了很大的变化,使得教学方式产生了革命性的改变。在信息化教学系统中,媒体成为其重要的构成要素。

在信息化教学系统中教师、学生、教学内容和媒体是其四个核心要素。在一定的教学环境当中,这四个要素相互作用,进而产生了一定的教学效果,四个要素之间的关系,如图 3-2 所示。

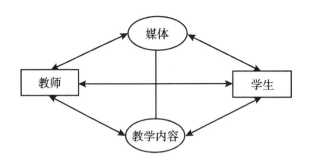

图 3-2　信息化教学要素

(一)现代教学媒体

现代教学媒体是通过利用现代科学技术成果而发展起来的,并被运用到教学领域的电子传播媒体,主要有录音、投影、幻灯片、电视、录像、计算机等教学媒体以及这些教学媒体相互组合而成的教学媒体系统,如微格教学训练系统、视听阅览室、闭路电视系统、语言实验室、校园计算机网络系统、计算机网络教室、多媒体综合教室等。

(二)教师

随着现代信息技术的发展以及在教学中现代教学媒体的应用,教师所扮演的角色也产生了很大的变化,同时,也面临着新的挑战,要求教师在信息化教学环境中要具备相应的开展教学的能力。

1. 掌握现代教学理念

信息化教学中的教师要明确现代教学理念,掌握信息化教学的基本理论和方法,以更好地改善教学,提高教学效率。

2. 具备信息化教学能力

信息化教学能力是指教师在现代教学理念的指导下,利用现代信息技术和丰富的教育资源,运用多种信息化教学方法开展教学活动,解决教学问题,优化教学过程的能力。它是教师在信息化教学中必须具备的重要的能力之一,也是教师对信息技术加以有效利用开展教学的能力。信息化教学能力主要包括良好的信息素养和信息化教学设计能力。

(1)信息素养。教师的信息素养主要包括信息意识、信息知识、信息能力和信息道德。①教师要具有敏锐的信息意识,能够正确理解"信息""教育信息化""信息社会"等的概念和内涵,这样才能对信息化教学进行更好的开展。②教师要具有一定的信息知识,了解信息技术、信息化教学相关的知识、方法和理论。③教师要具有相应的信息能力,也就是说,要具备利用信息技术开展教学的能力。④教师要具有良好的信息道德和一定的信息安全意识。

(2)信息化教学设计能力。教师应当明确信息化教学设计的内涵,知道信息化教学设计的特点,理解信息化教学设计的原则,掌握信息化教学设计的方法。

（3）集多种角色、多重身份于一体。在信息化教学过程中教师是教学内容的设计者，是学习活动的组织者和参与者，是学习者学习的指导者。教师既是学生的导师，同时，还可以成为学习生活中学生的朋友、同伴等。

(三)学生

信息技术在教学中的应用为学生的学习提供了很多便利，同时，也对学生提出了更高的要求。

1. 学习方式多样化

信息技术的出现使得学生的学习行为和学习方式发生了变化，学生既能够通过课堂来接受教师的指导，同时，还能够通过利用现代教育媒体来获得更多的教学信息资源。在现代教学媒体和信息技术的支持下，学生的学习方式从过去的被动接受转变为合作学习、自主学习、探究学习等信息化学习方式。

2. 较高的信息素养

在信息化教学中学生要具备较高的信息素养，能够从大量的信息资源中找寻所需的信息，并对信息进行加工、整理、保存；能够使用常用的软件进行学习并与他人交流；学会有效地反省、评价和监督自己的学习过程。

3. 集多种能力于一身

在信息时代学习者要具有自主学习的能力，主要包括以下几点。

（1）对学习内容进行确定的能力。

（2）获取相关资料和信息的能力。

（3）对相关资料和信息进行利用和评价的能力。

此外,学生要学会与他人共事,具备合作与协作的能力,同时,还要具有创新精神和创造能力。

(四)教学内容

现代信息技术的出现和现代教育媒体在教学中的应用,使得教学内容具有新的特征,主要表现在以下几个方面。

1. 表现形态多媒体化

可以用文本、图形、图像、声音、动画、视频以及模拟三维景象等形式来呈现教学内容,利用多媒体方式呈现的教学内容能够将抽象的知识形象生动地表现出来,使学习者能够更好地掌握知识,从而提高教学效率。

2. 处理数字化

将文本、声音、图形、图像、动画、视频等教学内容信息由模拟信号转换成数字信号,其可靠性更高,更容易存储与处理。

3. 传输网络化

信息化的教学内容可以通过网络实现远距离传输,学习者可以在任何一台能够上网的计算机上获取自己所需的信息。

4. 超媒体线性组织

信息化教学内容采用超媒体技术构建,支持文本、音频、视频、图形、图像、动画等多媒体信息,并采用网状结构非线性地组织、管理信息的超文本方式,对教学信息进行有效的组织,适合人脑的认知思维方式,也有利于有效地组织教学信息,促进知识的迁移。

5. 综合化

信息化社会知识呈现高度的综合化,信息时代需要具备各方面知识的"全才"。在信息化社会中学生学习的内容不仅仅局限于某一门独立的学科,特别是随着网络时代的到来,学生的学习和生活中出现了许多新的课题,这些课题不是仅靠某一门或几门学科的知识就能够完成的,而是需要学生把所有学科的知识整合起来并运用到学习之中,才能够很好地解决问题。这与信息化社会要求人才具有多方面的知识这一特征是紧密联系的。

信息化教学系统的四要素之间存在着错综复杂的关系,各个要素之间不同的结合方式会产生不同类型的教学系统。

二、信息化教学的特征

(一)技术层面

信息化教学的基本特点是数字化、网络化、智能化和多媒体化。数字化使得信息化教学系统的设备简单、性能可靠、标准统一;网络化使得信息资源可共享、活动时空限制少、人际合作易实现;智能化使得系统能够做到教学行为人性化、人机通信自然化、繁杂任务代理化;多媒体化使得媒体设备一体化、信息表征多元化、复杂现象虚拟化。

(二)教育层面

信息化教学的特征是开放性、共享性、交互性与协作性。

1. 开放性

开放性使得教育社会化、终身化,学习生活化、自主化。可以预见在未来的若干年内,教育将从学校走向家庭、社区、乡村,走向信息技术普及的任何地方。学习将不再受时空和地域的限制,学习者可以在任何时间通过互联网,根据自己的需求、知识背景、个人喜好、学习风格来选择学习内容、学习方式、学习进度,设计解决问题的方案,开展学习活动。

2. 共享性

共享性是信息化的本质特征,它为教育教学提供了丰富的教学资源,大量的数据文件、档案资料、软件程序等形成了一个高度综合、集成的资源库。

3. 交互性

交互性使得学习者可以向教师提问,可以与其他学习者交流,可以围绕当前或当时的学习主题相互讨论,形成各自的判断,表达自己对问题的理解,交流各自解决问题的不同思路,相互分享解决问题的过程和成果,甚至于相互答疑、分析和评价。

4. 协作性

协作性使得教育者有更多与他人协作和研讨的时间和空间,使学习者通过网上合作(利用计算机合作)、小组合作(在计算机面前合作)、与计算机合作(计算机扮演同学角色)等多种合作方式来增加与他人合作的机会。

第三节　信息化教学的基本理念与原则

一、信息化教学的基本理念

现代教学理念是随着教学理论的发展而不断发展的,现代信息化教学的基本理念是"以人为本",主要体现在以下几个方面。

（一）侧重学生的主体地位

在以往的传统教学中主要强调的是教师的"教"，随着教学理论的不断发展，学生的地位越来越重要。在现代教学中学生是个性丰富，鲜活的、具体的、不断发展的认识主体，是独立的群体和个体，具有较强的主观能动性。在教学过程中应该充分发挥学生的主体地位，不断促进学生自主性、主动性和创造性的发展。

（二）侧重学生自主建构知识

近些年来教学理论受到了建构主义学习理论的影响，强调学生通过自己主动进行建构学习知识，当然，这是在教师和同学等的帮助下，通过学习资料的协助来不断实现的。

（三）侧重自主、探究、合作式地学习

在课程实施方面，新课改明确指出要将过去过于强调死记硬背、接受学习、机械训练的状况进行改变，鼓励学生乐于探究、主动参与、勤于动手，对学生在信息收集和处理方面的能力、学习新知识的能力、对问题进行分析和解决的能力以及合作和交流的能力进行培养。

这就要求教师要对过去的教学方式进行改变，采用信息化教学的方式来对学生的探究学习能力、自主学习能力和合作学习能力进行培养。此外，还要从诸多方面来对学生的合作学习、主动探究的意识进行培养，让学生意识到只有积极主动地学习才能够适应信息化社会的需求。

（四）侧重教学活动的启发性

过去传统的教学活动主要是侧重于知识的"授—受"，而现代教学活动的主要观念是要求在教学中要对活动的多样性和重要性有一个充分的认识,教师要向学生设计一些具有多种性质的活动,在活动中组织学生参与各种形式的学习,使学生的自觉性和主动性能够在活动中得以充分发挥出来,对学生的创新精神、创新意识、创新能力进行培养,以更好地促进学生的能力、知识和个性全面发展。

(五)侧重学生的主观能动性

在具体的教学过程中,要使学生的探究激情和学习兴趣得以激发出来,应对学生的个性和特长予以充分尊重,促使学生积极参与学习,使学生的潜能可以得到最大限度的发挥。通过采用多媒体技术,教师可以使学生的学习兴趣得到很好的激发,同时,采用多样化的教学方式来更好地促使学生能够更加积极主动地对知识进行自主探究。

(六)侧重师生交流的互动性

师生之间进行多样化的交流,能够促使师生的心理距离得以缩短,促使学生的学习兴趣得到增强,使学生在学习的过程中进行生活经验共享,对学生的知识结构进行完善,促进学生的社会性学习,发展学生的社会性素质。对于教师来说,通过师生之间的相互交流,教师可以暂时放下权威的架子同学生进行平等的交往,这样能够帮助教师和学生进行相互学习,共同提高。

二、信息化教学的原则

(一)资源整合性原则

信息化教学是将信息技术、信息资源、人力资源、课程内容等一系列要素整合在一个系统中,有机地将各种要素结合起来共同完成教学任务的一种教学方式。因此,资源整合性原则是信息化教学的首要原则。

在信息化教学过程中应当将信息技术有效地融入到各类教学中,将教学系统中的各个要素和各类教学资源有效地整合在一起,将各种理论、方法、教学媒体很好地结合起来,在整个教学过程中协调各要素之间的关系,发挥系统的整体优势,以提高教学的效率。

(二)主动参与性原则

信息化教学要求改变学生以往被动接受知识的学习方式,转变为主动探究式、合作式的学习方式,从而使得信息化教学具有主动参与性的特征。主动参与性原则是指学生在教师的指导下积极参与教学活动,通过激发学生的主体意识,发挥学生的主体作用,发掘学生的学习潜能,培养学生的学习能力,增强学生学习的责任感与合作精神,从而能够有效提高教学质量,更好地完成教学任务。

因此,在信息化教学中应当借助多媒体手段、丰富的教学资源来调动学生的积极性,使学生以各种方式主动参与到教学过程中。

(三)直观形象原则

学生在学习过程中主要是以学习间接经验为主,但是学生特别是青少年儿童以形象思维为主,要使信息化教学符合学生的心理特征,有效地提高学生的学习兴趣和积极性,在信息化教学过程中就应当遵循直观形象的原则。

直观形象原则是指在信息化教学环境中为学习者创设一定的情境,并提供丰富的多媒体资源,同时,通过教师给予指导、形象描述知识等教学活动来促使学生积极观察、主动探究,使学生对所学事物、过程形成清晰的表象,从而丰富感性知识,主动构建知识的意义,最终正确地理解所学知识并发展认知能力。

信息化教学环境集多种媒体资源、各类教学设备、各种支持系统于一体,可以为直观形象原则的贯彻提供多样化的教学资源、丰富的教学功能以及各类教学支持。

（四）启发创造原则

启发创造原则是指教师在信息化教学过程中要采取多样化的方式来支持学生的学习,最大限度地调动学生的积极性和自觉性。激发他们的创造性思维,从而使学生在融会贯通地掌握知识的同时,充分发展自己的创造性能力与创造性人格。

启发创造原则是在现代教育理念指导下教学与发展相互影响和相互促进规律的反映。信息化教学不仅要求教师向学生传授知识、技能和技巧,而且要求教学能够促进学生主动对知识进行意义建构,同时,促进学生情感、态度、价值观的发展。教学与发展是相互依赖、相互促进的。教师在教学中要将学生视为学习的主体,设计多样化的教学活动,利用多媒体手段启发学生积极思考,促使他们自己提出问题、分析问题和解决问题。

启发创造原则还是信息化教学受制于信息化社会需要这一规律的具体体现。信息化社会发展的趋势要求学校教育教学必须培养学生的信息素养、革新精神和创造能力。只有这样,学校所培养的人才才能适应未来瞬息万变的社会要求,才能以新的思维方式去捕获新的有价值的信息,也才能在未来的工作中敢想、敢干,为社会创造财富。目前,通过信息化教学发展学生的创造性思维,培养创造性人才已经成为世界各国教学改革的重心。

（五）教师主导性与学生主体性相结合的原则

建构主义的学习理论要求学生主动建构知识,教师要成为学生建构意义的促进者,它强调学生的主体地位与教师的主导地位。学生的主体性在教学过程中具体表现为自主性、主动性和创造性。

教师主导性与学生主体性相结合原则主要是指在信息化教

学过程中教师既要充分发挥自身的主导作用,又要充分调动学生的积极性与主动性,正确处理教与学的关系,把教师与学生的积极性都调动起来。

该原则在信息化教学中的运用应充分体现在强调学生是学习的主体,强调学生主体在教学中的积极作用上。这是因为学生的学习是一种自觉的、能动的活动。也就是说,学生要把教师提供的一切认识材料转化为自己的东西就必须通过积极、自觉的思维去接受、理解、消化和运用。教师的主导作用和学生的主体作用是相互协调、相互促进、互为条件的两个方面。二者应该紧密结合、协同活动,才能积极地发展学生的个性,提高教学效益。

(六)教学最优化原则

教学最优化原则主要是指在现代教育理念的指导下,在信息化教学过程中通过对教学系统中的各要素进行系统化设计,使得各要素优化组合,能够进行最优的教学,取得最优的教学效果。在信息化教学中教师要设计多样化的教学活动和学习活动,将教学的各要素优化组合,使得每一个要素都发挥最大的效益,既达到教学的目标,又提高教学的效率。

第四节　信息化教学技术的运用

信息化技术在教学中的应用是丰富多样的,本节重点探讨教学中常见的多媒体教学课件技术。

一、多媒体教学课件的概念

多媒体教学课件主要是指根据课堂教学大纲的具体培养目标要求,采用多媒体与超文本结构,如文本、图像、声音、动画、视频等来对教学内容进行展示,同时,采用计算机技术进行记录、储存和运行的一种教学软件。

二、多媒体教学课件的分类

多媒体教学课件根据内容与作用可以分为个别指导型、练习测试型、模拟型、游戏型、资料型和演示型等。

(一)个别指导型

个别指导型课件主要是对学生进行个别化学习的辅导。根据相应的教学要求和教学目标,将一定的学习内容呈现给学习者,在学习者做出应答之后,计算机做出相应的诊断和评判。如果回答错误,要给予适当的补充学习;如果回答正确,则进入到下一步学习的内容。

(二)练习测试型

练习测试型课件以复习巩固为目的,通常也把它称为题库式。它是以选择题(单项或多项)、填空题、是非题为主,采用提问式、应答式或者反馈式等形式,先由计算机提出问题,学生自主回答,然后计算机加以判断,并及时反馈结果。

(三)模拟型

模拟型课件是通过计算机软件、硬件以及相应的外部设备,把那些在一般条件下不易实现的实验操作、技能训练等内容进行模拟、仿真,以期达到学习目的的基本方式。

(四)游戏型

游戏型课件集教育性、科学性和趣味性为一体,是以游戏的方式来安排教学内容。其具体要求是把知识的获取作为游戏闯关的结果并建立相应的激励措施,且这种激励措施应积极向上,有趣、健康；并注意知识的科学性、教育性和完整性。

（五）资料型

资料型课件的本质是一种教学信息库，包括各种电子字典、电子工具书、图形库、动画库、语音库等。其目的主要是向学习者或课堂教学提供学习信息资源，通常用于学生课外查阅和在课堂上进行辅助教学。

（六）演示型

演示型课件的主要目的是在课堂教学中辅助教师的讲授活动。其特点是注重对学生的启发、提示及反映问题解决的全过程，主要用于课堂演示教学。

三、多媒体教学课件的开发步骤

多媒体教学课件的开发步骤主要包括课件环境分析、课件教学设计、课件脚本设计、课件编写、课件评价与修改等。

（一）课件环境分析

多媒体课件的环境分析主要包括课件使用对象分析和开发成本估算等任务。

课件使用对象分析，主要包括以下三个方面。

（1）学习者的一般特点，包括性别、年龄、文化背景、学习动机、文化程度、工作经历等。

（2）对于学习内容，学习者的态度以及所具备的相应的基础技能和基础知识。

（3）学习者所具有的计算机技能。

开发成本估算中开发的总费用一般包括开发组成员的劳务费用、各种参考资料费、打印纸等各类消耗材料费以及软件维护费等。

(二)课件教学设计

教学设计主要是指课件开发过程中最能体现教师教学经验和教师个性的部分,也是教学思想最直接和具体的表现。该阶段的主要任务包括详细分析教学内容、划分教学单元、选择适当的教学模式等。

(三)课件脚本设计

脚本是在教学设计基础上做出计算机与学生交互过程方案设计的详细报告,是下一阶段进行软件编写的直接蓝本,是课件设计与实现的重要依据。因此,在课件开发过程中脚本设计也是从面向教学策略的设计到面向计算机软件实现的过渡阶段。

脚本的描述并无规定格式,但所包含的内容是基本一致的,即在脚本中应注明计算机屏幕上要显示的内容(包括文字、动画、图像和影像等)、音响系统中所发出的声音,以及这些内容输出的具体顺序与方式。

下面以认识几何图形为例进行课件脚本的编写,供广大教师写课件脚本时参考。

(1)制作一张表格,主要填写课件题目、教学目标、创作平台、创作思路和内容简介等信息,如表 3-4 所示。

表 3-4　课件教学目标等信息的描述

课件题目	认识几何图形	创作思路	依次认识几种几何图形,最后进行复习
教学目标	认识几种简单的几何图形,并学习其特征	内容简介	三角形、简单的四边形、圆、椭圆
创作平台	Authorware7.02		

（2）逐步完成脚本卡片的编写，如表3-5所示。

表3-5　脚本卡片的编写（共9个模块）

模块序号	1	页面内容简要说明　题目
屏幕显示		以卡通图片做背景 显示题目：数学课件
说明		给该页面加特效 "数学课件"设置为艺术字
模块序号	2	页面内容简要说明　进入界面
屏幕显示		以卡通图片做背景 显示："欢迎访问本课件，这里是：小鲤鱼乐园"
说明		"全部文字"设置为艺术字 给该页面加特效
模块序号	3	页面内容简要说明　课程表
屏幕显示		以卡通图片做背景 显示："小鲤鱼的课程表：第一节：认识三角形； 第二节：认识简单的四边形；第三节：认识圆、椭圆"
说明		"课程表"设置为艺术字　给该页面加特效
模块序号	4	页面内容简要说明　三角形
屏幕显示		显示："锐角、钝角、直角三角形的几何图形，以及两个问题"
说明		"全部文字"设置为艺术字　给该页面加特效
模块序号	5	页面内容简要说明　三角形的性质
屏幕显示		显示："锐角、钝角、直角三角形各自的特点及其共同点"
说明		"特点""共同点"设置为艺术字 给该页面加特效
模块序号	6	页面内容简要说明　四边形
屏幕显示		显示："正方形、长方形、平行四边形的几何图形，以及一个思考"
说明		"正方形""长方形""平行四边形"设置为艺术字给该页面加特效
模块序号	7	页面内容简要说明　四边形的性质
屏幕显示		以带树叶的图片做背景 显示："正方形、长方形、平行四边形的特点"
说明		"特点"设置为艺术字　给该页面加特效

模块序号	8	页面内容简要说明　　圆
屏幕显示		显示:"圆和椭圆的几何图形"
说明		"圆和椭圆"设置为艺术字　　给该页面加特效
模块序号	9	页面内容简要说明　　复习
屏幕显示		以两张小图片做背景 显示:"一:复习三角形、四边形、圆和椭圆的特点; 二:复习三角形、正方形、长方形、平行四边形的面积公式"
说明		给该页面加特效

通过编写课件脚本,能够将作者的设计思想很好地体现出来,从而为软件的制作提供相应的依据。

(四)课件编写

该阶段的任务是将教学设计阶段所确定的教学策略,以及脚本设计阶段所得出的制作脚本用某种计算机语言或多媒体软件工具加以实现。

为了提高效率应该尽量收集、利用现有的多媒体素材,根据课件内容需要进行编辑加工。在多媒体素材采集、编辑完成后,就可以用多媒体创作(编辑)工具进行集成了。各种常见的多媒体创作工具,其主要的用武之地就是它们与多媒体硬件和其他各类媒体的编辑工具一起构成多媒体制作环境。

课件程序编写完成后应当进行仔细的调试,调试的目的是找出程序中隐含的各种可能错误并加以排除,其中包括教学内容上和计算机程序编写上的各种错误。

(五)课件评价与修改

在课件开发过程中课件评价与修改是一个重要内容,在课件开发的各个阶段中都存在。

由于多媒体课件类型、应用对象的多样性,目前国内外评价多媒体课件质量的指标体系不尽相同,但是其基本内容还是比较一致的,主要是对其教育性、科学性、技术性、艺术性和实用性等要素的评价。具体评价指标如表 3-6 所示。

表 3-6　多媒体课件评价表

评价项目	评价标准	权重	评价等级			
			优	良	中	差
			4	3	2	1
教育性 (40分)	选题恰当,符合课程标准要求及学生实际	3				
	突出重点,突破难点,深入浅出,易于接受	3.5				
	以学生为主体,促进思维,培养能力	2.25				
	作业和练习典型,分量适当,有创意	1.25				
科学性 (20分)	内容正确,逻辑严密,层次清楚	2.5				
	模拟仿真形象,举例恰当、准确、真实	1.25				
	场景设置、素材选取、名词术语、操作示范符合有关规定	1.25				
技术性 (20分)	图像、动画、声音、文字设计合理	1.25				
	画面清晰,动画连续,色彩逼真,文字醒目	1.25				
	声音清晰,音量适当,快慢适度	1.25				
	交互设计合理,智能性好	1.25				
艺术性 (10分)	媒体多样,选用适当,创意新颖,构思巧妙,节奏合理	1.5				
	画面悦目,声音悦耳	1				
使用性 (10分)	界面友好,操作简单、灵活	1.25				
	容错能力强,文档齐备	1.25				
总分						

四、多媒体教学课件素材的整理

多媒体教学课件中的素材主要包括文本、图像、声音、动画和视频,具体处理方法如下。

(一)文本

在多媒体教学课件中文本是最基本的素材,文字素材的处理离不开文字的输入和编辑。文字在计算机中的输入方法很多,除了最常用的键盘输入以外,还可用语音识别输入、扫描识别输入及笔式书写识别输入等方法。

目前,多媒体课件多用 Windows 平台上的文字处理软件,如 Word、写字板等。选用文字素材文件格式时要考虑课件集成工具软件是否能识别这些格式,以避免准备的文字素材无法插入到课件集成工具软件中。有些课件集成工具软件中自带有文字编辑功能,但对于大量的文字信息一般不建议在集成时输入,而是在前期就预先准备好所需的文字素材。

(二)图像

1. 图像格式

(1)BMP 格式。BMP 格式是 Windows 使用的基本图像格式,是一种位图格式文件,用一组数据(8 位～24 位)来表示一个像素的色彩。

(2)GIF 格式。GIF 格式是目前因特网上使用最普遍的图像文件格式之一,主要用于在不同平台上进行图像交流传输。GIF 格式文件的压缩比比较高,文件规模较小,但它仅能表达 256 色图像。目前的 GIF 格式文件还支持图像内的小型动画,它使得因特网上的网页显得生动活泼。

(3)JPG 格式。JPG 格式也称 JPEG 格式,是一种十分流行的图像格式,它采用了 JPG 方法进行压缩,因此,文件可以非常小,而且可以通过降低压缩比来获得较高质量的图像资料。但 JPG 格式是一种有损压缩,因此,不适于存储珍贵的图像资料或原始素材。

2. 图像的编辑

图像编辑工具十分丰富,可以用 Windows 自带的"画图"软件,也可以用功能强大的 Photoshop,利用它们可以完成基本的绘制图像功能,并具有对从外部文件输入的图像数据进行编辑修改的能力。Adobe 公司开发的 Photoshop 集位图和矢量图绘画、图像编辑、网页图像设计、网页动画制作、网页制作等多种功能于一体,是多媒体课件制作中不可缺少的图像素材编辑软件。Photoshop 的主要功能可以分为图像编辑、图像合成、校色调色和特效制作等。

(1)图像编辑是图像处理的基础,可以对图像做各种变换,如放大、缩小、旋转、倾斜、镜像、透视等,也可进行复制、去除斑点、修补、修饰图像残损等的处理。

(2)图像合成则是将几幅图像通过图层操作、工具应用形成完整的、意义明确的图像。Photoshop 提供的绘图工具让图像可以很好地融合起来,使图像合成得天衣无缝。

(3)校色调色是 Photoshop 中深具威力的功能之一,利用它可以方便快捷地对图像的颜色进行明暗、色彩的调整和校正,也可以切换颜色以满足图像在不同多媒体作品中的应用。

(4)特效制作在 Photoshop 中主要由滤镜、通道及工具综合应用完成,包括图像的特效创意和特效字的制作,如油画、浮雕、石膏画、素描等常用的传统美术技巧都可通过 Photoshop 特效完成。

(三)声音

在多媒体教学课件中语言解说和背景音乐是课件的重要组成部分。按照声音的内容不同,可以将多媒体课件中的声音划分为解说、效果声与音乐声等类型。

1. 声音文件

常用文件类型包括波形声音文件、MIDI 文件、MPEG Layer

和 CD Audio 文件。

（1）波形声音文件。波形声音是 Windows 操作系统下的标准数字音频，它是对实际声音的采样。因此，它可以重现各种类型的声音，包括噪声、乐声，以及立体声、单声等。该文件的扩展名为 WAV。波形声音的主要缺点是文件的容量较大。例如，以16 位量化级 44.1kHz 采样率进行采样的 1 分钟单声道声音文件大约可达 5MB，因此，它不适合记录长时间、高质量的声音。

（2）MIDI 文件。MIDI 文件即乐器指令数字接口文件，文件扩展名为 MID，MIDI 文件中的数据是一系列指令。它将乐器弹奏的每个音符表示为一串数字，用来代表音符的声调、力度、长短等，在发声时经过声卡上的合成器将这组数字进行合成并通过扬声器输出。与波形文件相比，MIDI 文件的容量要小得多，因此，在多媒体课件中的应用广泛。它的主要缺陷是表达能力有限，无法重现自然声音，MIDI 文件只能记录有限的几种乐器组合，如许多中国民族乐器的乐声就不能记录。

（3）MPEG Layer 文件。它是目前最流行的声音文件格式之一，因其压缩率大，在网上音乐、网络可视电话等领域应用十分广泛，但音质与 CD 唱片相比要差一些。该文件的扩展名为 MP3。

（4）CD Audio 文件。音乐 CD 唱片所采用的文件格式扩展名为 CDA。该格式文件所记录的是声音的波形流，音质纯正，缺点是无法编辑且文件长度太大。

2. 声音的录制与编辑

多媒体计算机的数字音频系统由计算机、声卡以及外部音频部件如麦克风、音箱和耳机等组成。在声卡中模数转换器把从麦克风和其他音频源来的音频模拟信号转换成数字信号，模数转换器把存储在计算机中的数字信号变回模拟信号，通过放大器放大或直接输出该信号进行声音播放。

在制作多媒体课件时，通常都是利用上述声卡及专用软件来完成声音的录制和播放。录制和编辑声音素材的最简便方法就是使用 Windows 自带的"录音机"程序,下面就以此为例作简单介绍。

(1)声音文件的录制。制作多媒体课件的过程中可以通过用麦克风录制声音文件、截取正在进行的程序中的声音等方法来录制声音,并保存为 WAV 格式文件。

①用麦克风录制声音文件。首先,将麦克风插入声卡的麦克风插口,双击 Windows 任务栏右边的小喇叭图标,弹出音量控制对话窗口,如图 3-3 所示。单击【选项】→【属性】命令,在弹出的窗口中选择【录音】选项,单击【确定】按钮。

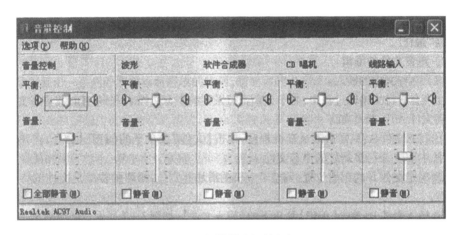

图 3-3　音量控制对话窗口

其次,单击任务栏上的【开始】→【程序】→【附件】→【娱乐】→【录音机】,打开 Windows 的录音机程序。单击录音机程序上的"录音按钮",此时即可通过麦克风进行录音。完毕后单击"停止按钮"即可结束录音,如图 3-4 所示。为了保存录制好的声音文件,只需单击图中【文件】菜单中的【保存】命令即可。

②截取正在运行的程序中的声音。打开所要运行的程序(如课件、游戏软件等),并找到想要录制的内容。激活 Windows 录音机程序,并单击录音机上的"录音按钮"。如果上一步打开的程序窗口是满屏的,可以按快捷键 Alt+Tab 来切换窗口,使录音机窗口处于被激活状态。激活待运行的程序,或按快捷键 Alt+Tab 切换

到待运行程序的窗口,播放想要录制的声音。要结束录音时,只需激活录音机程序(可按快捷键 Alt＋Tab),按"停止按钮"。最后,保存声音文件即可。

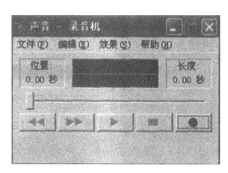

图 3-4 Windows 中的录音机

在声音录制或采集时,声卡和麦克风的质量将直接影响到所录制的声音文件的质量。此外,确定采样位数与采样频率是十分关键的。一般说来,采样频率越高,采样位数越大,声音质量就越好,但相应的声音文件也越大。在 Windows 录音机中为了设置录音质量,可以在【编辑】菜单中选择【音频属性】,然后,在【录音】栏中选择高级属性,并在弹出的窗口中调节"采样率转换质量",一般情况下都选择"一般",若要录制高质量的声音则需要调节到"最佳"。

(2)声音文件的编辑。

①声音文件的插入。在声音文件的编辑过程中,对于分别进行录制的声音文件 A 和 B,有时需要将文件 B 插入到文件 A 中,操作如下。

a. 打开文件 A:只需启动录音机程序,单击【文件】菜单下的【打开】命令,在弹出的窗口中打开一个已录制好的声音文件 A。

b. 确定文件 B 的起始位置:调整录音机的滑块并定位,滑块的位置是文件 B 待插入的位置。

c. 插入文件 B:单击【编辑】菜单下的【插入文件】,如图 3-5 所示,此时弹出一个窗口,在窗口中找到要插入的声音文件 B,单击【打开】按钮。此时声音文件 B 就插入到声音文件 A 中了。

d. 保存新文件:单击【文件】菜单中的【另存为】命令,在弹出的窗口中选择保存路径及输入文件名并单击【保存】按钮,此时所保存的新文件就是由原来的文件 A 和 B 组成的。

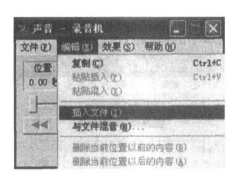

图 3-5　声音文件的插入

②前景声音和背景音乐的合成。如果我们需要将已经录制的课文朗读声音文件配上背景音乐,其操作过程如下。

a. 打开一个背景音乐文件:启动录音机程序,单击【文件】菜单下的【打开】命令,在弹出的窗口中打开一个背景音乐文件,通常应尽量选择音量较小的声音文件。

b. 前景声音与背景音乐的合成:单击【编辑】菜单下的【与文件混合】命令,在弹出的【与文件混合】的对话框中选择一个已录制好的朗读声音文件。单击【打开】按钮,此时朗读声与背景音乐就合成在一起了。

c. 保存新生成的声音文件:单击【文件】菜单中的【另存为】命令,在弹出的窗口中选择保存路径及输入文件名后,单击【保存】按钮即可。

③声音文件的其他编辑。除了上述简单的编辑以外,还可以利用 Windows 的录音机软件对声音文件进行其他方式的编辑和加工。例如,把声音的多余部分剪掉,在朗读声与背景音乐合成之前降低背景音乐的音量,给某一声音添加回音等。其操作方法与上述基本相似。

在声音文件的处理过程中,进行声音素材处理的软件有很多,例如 Ulead Audio Editor、CooleditPro 等。这些软件的编辑、合成及效果等功能远比 Windows 的录音机程序要强大,它们所生成的声音文件格式也较多。在需要时还可以通过专用软件对声音文件的不同格式进行相互转换。

(四)动画

动画是由一系列的图像画面组成的队列,画面中的内容通常是逐渐演变的,因此,当动画播放时给人的感觉是画面中的对象在变化和运动。

Flash 是目前最为流行的动画格式,Flash 文件的扩展名为 SFW。与 GIF 和 JPG 格式的文件不同,Flash 动画是由矢量图组成的,不管怎样放大、缩小,它还是清晰可见的。Flash 动画的文件很小,便于在互联网上传输,而且它采用了流媒体技术,能一边播放,一边传输数据。交互性是 Flash 动画的迷人之处,可以通过点击按钮、选择菜单来控制动画的播放。

在进行动画素材设计时应该注意一些具体要求,如动画在屏幕上出现的位置要保持基本一致。一般放在屏幕的中央或右半部,大小一般不超过屏幕的 1/4,可以依据内容的多少和学习者的爱好而加以调整,但若有叠加文本或标题时,视频窗口大小应保持不变。为方便使用者操作,在视频窗口下方设计播放、停止、快进、倒退、录制等控制按钮,类似家庭录像机的控制按钮。

(五)视频

视频素材也称影像素材,它是指在多媒体课件中所播放的一种既有活动画面又有声音的文件。

1.视频文件

(1)AVI 视频文件

AVI 文件是 Windows 使用的标准视频文件,它将视频和音频信号交错在一起存储,兼容性好、调用方便、图像质量好,缺点是文件体积过于庞大。AVI 视频文件的扩展名为 AVI。

（2）MPG 视频文件

通过 MPEG 方法进行压缩，具有极佳的视听效果。就相同内容的视频数据来说，MPG 文件比 AVI 文件规模要小得多。

（3）DAT 视频文件

DAT 是 VCD 或卡拉 OK—CD 数据文件的扩展名。虽然 DAT 视频的分辨率只有 352 像素×240 像素，然而，由于它的帧率比 AVI 格式要高得多，而且伴音质量接近 CD 音质，因此，整体效果还是不错的。

（4）RM 和 ASF 视频文件

RM 文件和 ASF 文件是网络课件中常见的视频格式，它们采用流媒体技术进行特殊的压缩编码，使其能在网络上边下载边流畅地播放。

2. 视频信息的采集与编辑

多媒体计算机的视频采集（捕捉）系统由计算机、视频采集卡，以及外部视频设备如录像机、摄像机等组成，如图 3-6 所示。

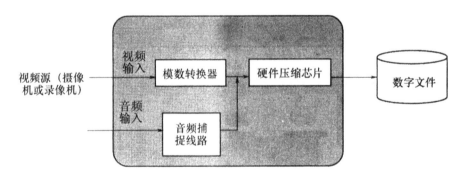

图 3-6　多媒体计算机的视频采集系统

视频采集卡的作用是将录像带、光盘等视频源上的模拟视频信息转换成数字视频信息。在视频采集卡中模数转换器负责把从视频源传来的模拟视频流转换成数字视频流，音频捕捉线路所捕捉的数字音频信息可以和数字视频信息结合在一起，通过硬件压缩芯片执行某种压缩算法,输出的便是经过压缩的视频数据文件。也有的视频采集卡不带硬件压缩芯片,而通过压缩软件对视频数据进行压缩。为了对数字化视频信息进行编辑加工,可以采用专门的视频编辑软件。例如,Adobe 公司的 Premiere 软件、Ulead 公司的 Video Studio 软件。

Premiere 是一个基于非线性编辑的视频编辑软件,被广泛应用于电视编辑、广告制作、电影剪辑等领域,是 PC 机平台上应用最为广泛的视频编辑软件。非线性编辑系统实现了将传统的电视节目后期制作系统中的切换机、录像机、录音机、编辑机、调音台、字幕机、图形创作系统等设备集成于一台计算机内,用计算机来处理、编辑图像和声音等,再将编辑好的视音频素材输出成各种格式的文件或通过录像机录制在磁带上。

第四章　信息化时代体育教学方法的革新与发展探索

现代体育教学改革与发展是与当下的教育发展、体育发展以及文化、科技的发展密切结合的。体育教学方法是体育教学系统的重要组成部分，教学方法的运用和创新等也同样受上述几个动态要素的影响，尤其是在当前信息化时代，许多新的教学方法应运而生，并在体育教学实践中得到应用，收到了不错的教学效果。本章主要就体育教学方法的相关内容进行分析，在阐述体育教学方法基本理论知识的基础上，对传统教学方法与信息化教学方法在体育教学实践中的应用进行深入分析，并就体育教学方法的具体选择、优化与发展进行探讨，以为教师科学选用教学方法提供理论与实践指导，进而不断提高教学质量、优化教学效果。

第一节　体育教学方法概述

一、教学方法与体育教学方法

(一)教学方法

所谓方法，指人们为达到某种目的或是获得某种东西而采取的手段和行为方式。

教学方法是一种行为或操作体系，教学方法有广义和狭义之分。广义的教学方法包括教师的教和学生的学两个层面的具体方法,是指师生为实现课堂教学目标和完成教学任务而采用的所有方法。狭义的教学方法专指教师层面的为促进教学过程顺利开展而使用的各种方法的综合。

本节主要研究的是狭义层面的教学方法。

(二)体育教学方法

体育教学方法是在体育教学中所采用的教学方法,是体育教学系统中的一个重要构成要素。国内外学者很早就开始进行关于体育教学方法的研究,在研究过程中诸多专家和学者对体育教学方法概念界定有以下共识。

(1)体育教学方法是体育教学系统的重要组成部分。

(2)体育教学方法与体育教学系统其他要素之间具有非常密切的关系。体育教学方法服务于体育教学目标和体育教学任务,体育教学方法应与体育教学目标之间保持密切的联系,如果将两者割裂开来,那么,体育教学方法没有明确的方向,会表现出一定的盲目性;而体育教学目标任务如果脱离了体育教学方法,则不能得到有效实现。教学方法的实施应能够促进体育教学目标和任务的实现。同时,体育教学方法又受体育教学内容的制约。

(3)体育教学方法是教与学的统一,只有师生之间实现有效的双边互动,才能够更好地发挥体育教学方法的价值与作用。教师和学生是教学活动的主体,教师和学生之间具有密切的关系,在师生的双边互动中,体育教学方法和手段都是针对学生来选择与运用的,通过科学体育教学方法的选用,促进体育教学的任务和目标逐步实现。

(4)体育教学方法受到特定的教学理论的指导。

(5)与其他科目教学方法相比,体育教学方法在注重教学语言要素的同时,更加注重动作要素。体育教学过程中各种动作的掌握和熟练都需要教师进行示范、讲解以及纠正,并在此基础上学生重复进行练习,才能最终掌握相应的技术动作。因此,体育教学方法是教师和学生的动作和行为的总和。

我国学者对体育教学方法的概念界定以龚正伟为代表,其对体育教学方法的概念描述受到广泛认可。龚正伟研究认为,体育教学方法是在一定的体育教学思想指导下的教学方式、方法以及组织形式等的总和、总体。①

二、体育教学方法的特点

(一)师生互动性

体育教学过程中教师与学生是教学活动重要的参与者,是体育教学双边活动的重要的两个主体,体育教学方法实现了教师活动与学生活动的沟通。

从体育教学师生双边教学关系来看,体育教学方法是体育教学中师生双方行为动作的体系、是有计划的外部行为或操作体系。体育教学方法是在师生互动中得到贯彻与实施的,体育教学方法也是师生之间行为动作总和的体系。

具体来说,体育教学方法的互动性体现在以下几方面:

(1)体育教学过程中的师生互动是教师和学生双边互动的过程,教学活动围绕教师的"教"和学生的"学"这两个方面展开,教法方法贯穿师生双边活动的整个过程。

(2)体育教学方法包括教师和学生两个方面的内容,体育教学的方法既包括教师的"教"法,也包括学生的"学"法,两者对教学效果均具有重要的意义。

(3)体育教学方法体系中教师的教法与学生的学法,二者之间是相互联系、相互依存、相互影响的。

(二)实践可操作性

体育教学不同于一般学科教学,教学方法更多的是关注学生

---

① 龚正伟.体育教学论[M].北京:北京体育大学出版社,2008.

的身体操作的方法。与其他学科的教学方法相比,体育教学方法具有鲜明的实践性和操作性特点,身体运动是教学的主要方式。因此,体育教学方法必须具有指导学生身体的实践可操作性。

体育教学方法的实践可操作性特点要求体育教学方法实施如下:

(1)体育教学方法必须是可操作性的、实践性强的,否则,将不能在体育教学实践中得到应用。

(2)在体育教学过程中教学方法必须与教学实践相结合,体育教师在安排教学方法时必须根据体育活动的具体实践形式进行,并根据教学实际对教学方法进行修正。

(3)体育教学方法的操作实施应以体育教学可操作性理论和思想为指导,但不能仅停留在理论指导层面。

(三)感官协作性

体育教学重视身体的练习,而对于个体的身体运动来说,感官的感知非常重要。不同感官在为运动者提供运动信息方面发挥着重要作用,而指导学生身体练习的体育教学方法,也需要充分调动学生的各种感官,并促进不同感官的协作。这就充分说明了体育教学方法的感官协作性特征。

具体来说,体育教学的过程就是学生通过各种感觉器官接收教师发出的各种信息。

体育教学方法的具体操作实施中感官协作的调动要求如下:

(1)基于身体练习的体育教学方法实施,需要师生充分发挥其动觉、视觉、听觉、触觉等方面的功能,在多器官的参与下,通过不同形式的身体运动来掌握相应的技能。

(2)体育教学的方法应注重对人体的各感觉器官的充分调动,在多种器官的共同参与下,机体对信息的接收量增加,能够促使神经中枢系统更好地控制人体的运动,从而能够取得更好的体育教学效果。

(3)体育教学方法应兼顾身体操作的感官信息收集,也要重视通过对感官的调动来促进学生的认知因素和非认知因素对体育学练作用的发挥。

(四)感知、思维和身体练习紧密结合性

体育教学方法的实施是感知、思维和练习三者的有机结合，这是由体育教学的体育属性所决定的。

体育教学过程中感知是基础,思维是核心,身体练习和动作自动化是结果,充分反映出体育教学过程的认识与实践、心理与身体有机结合。

现代体育教学方法在体育教学中的应用也应体现出感知、思维和练习三者的结合,在教学方法的选用方面应充分考虑体育教学活动具有认识与实践、心理与身体活动相结合的特点。不能简单地认为体育教学活动只是身体的活动而无感知和思维的参与。

(五)动静交错性

体育教学方法的动静交错性符合学生的学习规律,教学方法实施过程中对于动静的充分调动和交错发展,有助于提高学生的学习效率。

从学习的一般规律来看,在体育教学中学生通过感知动作,通过思考、记忆、分析等心理活动掌握动作技术概念和运动技能。在体育教学中学生生理方面和心理方面都要持续不断地受到刺激,并承受一定的负荷,长时间下来就会容易疲劳,而疲劳的产生会导致学生学习兴趣和学习效率的下降。因此,在教学过程中教师应注意合理组织和实施教学,使学生运动与休息合理交替进行。

通常体育课中的积极性休息比消极性休息更有利于机体减轻或消除疲劳,因此,在教学实践活动结束后,教师应多安排积极性休息,这样有利于学生机体功能的恢复。

(六)时空功效性

教学是一个系统、渐进的过程,体育教学也不例外。体育学习需要长期坚持,根据不同年龄和不同教学目标,体育教学也可以划分为不同的阶段,不同阶段具有不同的特点,应选用不同的教学方法以促进师生之间的良好互动。

以体育教学的阶段性对体育教学方法的时空功效特点分析如下:

(1)体育教学的开始阶段,教师处于教学活动的主导地位,他们指导学生进行相应的学习活动,进行相应的分析、示范和指导。该阶段教学方法主要以游戏方法、讲解方法为主,教学任务在于培养学生体育学练兴趣、正确理解体育理论知识。

(2)体育教学中期,学生的主体作用在不断增强,学生通过认知、分析和练习掌握相应的知识和技能。该阶段体育教学方法的运用应有助于学生的认知思维的发展和调动,并有助于促进学生积极探索、发现及合作学习。

(3)体育教学的结束阶段,教师进行相应的总结和分析。并对学生的学习状况进行相应的评价和分析,就体育技能教学来说,竞赛教学方法经常在这一阶段被采用。

总之,体育教学方法随着体育教学活动的不断开展表现出不同的侧重,并反映出一定的时空功效性。

(七)功能多样性

现代体育教学不仅注重学生动作和技术的掌握,以及各方面身体素质的增强,它更加注重学生的全面发展。因此,体育教学方法的功能也具有了多样性的特点。

就体育教学实践来说,科学运用多样化的体育教学方法,对于促进体育教学效果的更好实现是十分有利的。

(1)多功能的体育教学方法不仅能够在一定程度上促进学生运动能力的增强,还能够促进学生思想道德品质、心理素质等方面的发展。此外,对于学生的全面发展具有重要的促进作用。

(2)多样化的体育教学方法能满足不同学生的体育学练需求,可实现因材施教,促进学生的个性化发展与提高。

(八)继承发展性

体育教学方法具有继承性和发展性。经过实践验证的有效的教学方法会在一定时期或者长期对促进体育教学发展有效,因此,可长期使用。同时,体育教学是一个动态、开放的过程,在体育教学的发展中会有一些新的教学方法不断出现,这就是继承与发展。

首先,体育教学方法的继承性主要体现在体育教学方法是随着体育教学的发展而不断丰富和发展的。一种合理的体育教学方法沿用多年依然具有鲜活的生命力,经过多年的发展依然在教学过程中发挥着巨大的作用。这些有效的教学方法值得人们进行总结、整理和借鉴。

其次,体育教学方法的发展性主要体现在体育教学方法的产生、发展历程中受体育教学工作者教学思想、对教学规律认知、教学经验等的影响,并在实践中不断积累、发展和创新。一些新的教学方法不断被提出,体现出时代特征,也促进体育教学方法体系的丰富与完善。

第二节 传统教学方法与信息化 教学方法的应用

一、传统教学方法的应用

(一)语言教学法

1. 讲解教学法

所谓讲解教学法,是指教师通过语言讲解来使学生了解、认识和理解体育运动制胜,技战术的要点、规律、构成等的教学方法。讲解教学法是足球运动教学的常用方法。

体育教学中讲解法主要应用于技术动作的方法和要领、战术配合的方法和要求,以及运用过程中的注意事项等的讲解:

教师运用讲解法应注意以下几点:

(1)讲解要明确。具体是指讲解目的要明确。在体育运动教学中教师对于足球运动教学内容的讲解不能漫无目的,这样会使学生抓不住重点,不能理解教师的用意,导致学习效率低下。

(2)讲解要正确。讲解内容不管是教学、训练原理还是相关的理论知识、最新体育动态,都应准确无误。

(3)讲解要生动。讲解过程中重视对技术动作的形象化描绘,可以适当加入肢体语言帮助学生理解,让学生更深刻地认识技术动作。

(4)讲解要有启发性。教师运用对比、类比、提问等方式进行的启发性教学手段有利于学生积极思维,使学生能够举一反三、触类旁通。让学生将看、听、想、练各种感官动员起来,更好地理解相关的知识,达到学以致用的目的。

(5)讲解内容应有关联性。体育教学中各教学内容具有相关性,教师在相关教学内容的讲解中应充分注意这一点。一些知识体系和动作技术不能将其孤立起来,要注重启发学生的发散性思维和创造性思维,使学生能够触类旁通、举一反三,更好地理解相关的知识,并通过旧知识的学习,加深对新知识的理解。

(6)注意讲解时机与效果。具体来说,在学生注意力集中时讲解,在学生练习时或背对教师时尽量少讲解或不讲解。

(7)讲解深入浅出,便于学生理解。

2. 口头评价法

口头评价也是一种体育教学中重要的语言方法,多用于体育实践课的教学,具体教学方法实施为对学生的动作完成情况以及课堂表现给予口头评价。

体育教学中,教师常运用的口头评价可分为以下两种。

（1）积极性口头评价。教师使用积极性的语言肯定学生的学习,有助于在一定程度上激发学生的积极性,促进教学活动的更好开展。使用积极性评价应中肯,不能夸大成绩。

（2）消极性口头评价。教师重点在于指出学生的不足,并指出学生提高的方法和努力的方向,但要注重语气和口气,以免伤害学生的自尊心和自信心。

3. 口令、指示法

在体育教学实践中需要借助简短有力的语言提醒、指导学生进行相应的体育技术动作的学练,这就是口令和指示法在体育教学中的运用。

体育教学中的口令、指示使用应与专项运动特点相符,不同运动项目教学中的口令、指示词语具体如下。

（1）一般队列中的"立正""跑""向右看齐"等口令的运用。

（2）足球战术教学中的"跟上""堵截""插上"等。

（3）健美操教学中的"抬头""双手举起""相反动作"等。

（4）传统武术教学中的"腕点""提膝""蹦"等。

(二)直观教学法

直观教学法,具体是指通过刺激学生不同感官来引起相应的感知,加深学生认知的教学方法。目前,在体育教学中运用广泛的主要有以下几种。

1. 示范法

示范法是指教师在体育教学中以自身的动作作为技术动作教学的范例,对学生的训练进行指导的方法。

体育教学中示范教学法的应用要求如下:

（1）示范目的要明确。动作示范要突出教学的重点和难点,而且对于技术基础差的学生还应注意适度。对于低年级或者基础较弱的学生,过多的示范往往会对他们识记、辨别、记忆动作产生影响,导致他们提取信息失败。因此,在教学初期要将示范放在重点和关键技术动作上,使学生明确教学重点。

(2)示范要准确、熟练。教师可亲自进行示范,也可指定相应的学生进行动作示范。但无论谁进行动作示范,都要做到准确、优美、熟练。

(3)示范要有效,具体来说,就是便于学生观察。在体育运动教学中技术动作示范应便于学生观察,否则,就是无效的示范,学生就不能学习到正确的技术动作。

(4)示范、讲解与启发学生思维相结合。通过示范、讲解,充分发挥学生的多感官的作用,促进学生对技术动作的理解。此外,通过对技术规律、特点等的讲解,教师还可以引导和发散学生大脑思维,更有效地促进学生对重点体育技术环节、结构、规律、特点等的理解,使学生提高各感官对体育学练信息的接受能力。

2. 直观教具与模型演示法

体育教学中教师可以采用图表、照片和模型等直观方法进行辅助教学。通过运用这些教学工具能够使学生更加易于理解相应的技术结构和动作形象。

对于一些对抗性体育运动的战术教学,如战术配合与战术实施,常采用模型演示的方式进行讲解。

3. 助力与阻力教学法

助力与阻力教学法是指教师在体育教学过程中借助外力使学生通过触觉和肌肉的本体感觉体验正确的动作用力时机、用力大小、用力方向、动作时空特征等的教学方法。该教学法主要应用于体育重点和难度技术动作的教学。

(三)完整教学法

完整教学法是指完整地进行整个技术动作的教学的方法。具体来说,就是在各体育运动项目的技术教学中从动作开始到结束,完整地进行教学和练习。通常来说,在技术动作的难度不高、技术动作不可分解、首次动作示范时都会采用完整法。

完整体育教学法的应用要求如下:

(1)讲解要领后直接运用。体育教学过程中教师通过对技术动作的分解讲解后,示范整个技术动作,使学生能完整流畅地模仿技术动作。

(2)强调动作练习重点。体育技战术的实践课教学过程中,对于较为复杂的动作教师应明确讲解、重点示范,使学生正确把握技术动作难点。

(3)降低动作练习难度。降低动作难度以便于学生完整练习,建立正确动作定型后逐渐增加难度,再进行标准难度的完整训练。

(4)难度技术动作的完整教学应建立在详细讲解的基础上。

(四)分解教学法

分解教学法是与完整教学法相对的一种体育教学方法,具体是指将完整的动作划分为几个部分,逐步使学生掌握完整动作技术的方法。

分解教学的教学实践应用要求如下:

(1)合理分解动作。教师在对体育技术进行分解的过程中不能割裂技术环节之间的逻辑关系,要保证技术动作各环节的相对完整性。

(2)注意动作技术环节的关联。技术动作分解的过程中要注意相连的两个技术动作环节之间的关联,使上一个技术动作的学习有助于为下一个技术动作学习奠定基础,并做好两个技术动作之间的衔接。

(3)技术分解应以完整的技术概念为基础,否则,就不能合理把握整个技术动作。

完整教学法与分解教学法主要在体育教学中的技战术教学

中运用,二者通常结合使用。

(五)预防与纠错教学法

预防与纠正错误教学法是教师分析学生学习过程中可能出现的各种错误及其原因,预先采取有效的教学手段,及时、合理避免学生产生相关错误并及时纠正的教学方法。

就教学方法运用的时间来看,预防具有一定的超前性,纠错具有鲜明的针对性,预防和纠错是相互联系、结合使用的。

预防和纠正错误教学法的科学实施具体如下:

(1)科学讲解原理、示范动作,强化概念。教师要注意通过加强讲解、示范、对比等强化正确的动作概念,促使学生形成正确的动作表象。

(2)信号提示。在学生练习技术动作经常出现错误时,教师应充分利用听觉信号、口头信号、视觉信号等提示学生正确的发力时间、用力节奏、动作方向、动作幅度等。

(3)降低难度。通过降低动作难度来避免学生由于体能水平不高、紧张心理、认识不足等原因导致的动作错误。

(4)外力帮助。针对学生对用力部位、用力大小、用力方向、用力幅度不清楚出现的错误动作,教师可运用推、拉、托、顶、送、挡、拨等外力,帮助学生体会正确动作的本体感觉以纠正错误。

(5)注意纠错语气、用词、方式方法的运用,不要打击学生学习的积极性。

(6)培养学生的思维能力,引导学生发现问题并解决问题。

(7)纠错后重视学生的技战术的改进方法指导。

(六)程序教学法

根据认知规律、技能形成与发展规律,在体育运动教学中将体育教学内容分成若干个步骤,依次按照顺序来完成体育教学的方法即为程序教学法。

在体育教学实践中,程序教学法的科学运用应注意以下两点:

(1)教师应合理分解各种教学程序,逐步有序开展教学。

(2)教师应重视各个教学阶段中学生的学习反馈,使学生科学、有序地完成整个体育学习。

(七)发现式教学法

发现式教学法是一种有组织、分步实施的,通过积极引导学生进行创造性思维,结合发现的步骤,以解决问题为中心和目的的一种教学方法。

发现式教学方法的教学步骤具体为提出问题→练习尝试→分组讨论→解决问题。

发现式教学法的科学应用要求如下:

(1)教师要善于提出相应的问题和创设相应的情景。

(2)教师提出的问题应适应学生的能力水平。

(3)科学设计教学过程。

(4)营造良好教学氛围,充分调动和激发学生的积极性。

(5)分步骤教学抓住重点。

(6)重视体育教学环境的教师关键性引导。

(八)探究教学法

探究教学法是教师在体育教学过程中引导学生发现问题、分析问题,最终解决问题,使学生在积极探索、研究的过程中获得知识和掌握技能的教学方法。

探究教学法的应用要求如下:

(1)重视探究的条件开发与创作。具体来说,要求学生在教学课开始前进行预习、调查、发现、分析与探索,教师在课堂上应给予学生探究、交流的时间、机会。

(2)探究教学过程中教师应加强引导学生发现问题,但不能代替学生探究。

（3）不能为探究而探究，探究要讲究实效，避免形式化、绝对化、片面化。[①]

（九）案例教学法

案例教学法是指教师在教学中通过列举具体的案例帮助学生更清晰、更深刻地认识教学内容的教学方法。

案例教学通常用于战术配合和战术组织教学，通过典型案例的讲解分析与实践练习，让学生掌握战术的适用情况、应用目的和应用效果。

案例教学法的应用要求如下。

（1）按照教学大纲的要求，有针对性地选择比赛中比较精彩的典型战例作为教材内容。

（2）在教学过程中对这些案例进行深入的分析，使学生尽快建立起相关概念。

（3）教师调动学生的积极性，活跃课堂气氛，组织集体练习，促使学生主动完成学习任务。

（十）游戏教学法

游戏教学法是指教师利用组织游戏的方法使学生完成预定教学任务的教学方法。

游戏教学法科学应用要求如下：

（1）游戏选择应遵循体育教学的本质，游戏规则与要求应合理。

（2）游戏不能脱离教学本质，不能单纯为了游戏而组织游戏，游戏应与教学内容相关。

（3）在组织的游戏中应制定相应的规则与要求。

（4）教师应要求全体学生遵守游戏规则，在此基础上鼓励学生创造、创新。

（5）教师应做好游戏评判工作，公开、公平、公正地评价学生

---

① 刚红光."探究式教学法"体育教学中的应用[J].现代企业教育，2011(22)：185－186.

在游戏中的表现。

（6）注意游戏负荷控制，避免学生过度疲劳。

（7）游戏过程中要重视学生的安全教育。

(十一)竞赛教学法

竞赛教学法是指教师在组织教学活动时，创造比赛的条件来组织学生进行练习的教学方法。竞赛教学法利于最大限度地促进学生机体功能的发挥，有利于培养学生不畏艰难、积极向上、敢于拼搏的良好道德品质。

运用竞赛教学法应注意以下几点：

（1）明确竞赛目的。通过体育竞赛切实提高学生的体育技能水平。

（2）合理分组。体育竞赛的分组应合理，各对抗队的实力应相当。

（3）竞赛过程中教师应结合竞赛规则和技术动作标准等，对学生完成动作的质量予以客观的评判。

（4）竞赛教学法对学生的体育技能水平要求较高，应在学生熟练掌握技术后开展。

（5）竞赛结束后体育教师要对学生的整体表现和技术掌握情况进行综合评价，并指出改进的方向和方法。

（6）竞赛过程中要重视学生的安全教育。

二、信息化教学方法的应用

科学技术在体育教学中的应用对体育教学有重要的影响。现阶段随着人类社会向信息化时代的迈进，体育教学为整个社会的发展带来了巨大的影响，体育教学是人类社会科教文化领域的重要组成部分，也在很大程度上受到了现代科技的影响。

在体育教学领域，依托现代信息科技兴起的新的体育教学方法逐渐得到广泛应用，具体分析如下。

(一)讲授—演播法

1.讲授—演播法的概念与特点

讲授—演播法是对传统体育教学方法的组合运用,并充分结合了现代信息媒体技术,使得体育教学更加生动、形象。具体来说,讲授—演播法是将教师的讲授与播放媒体相结合的教学方法。该种教学方法中对信息的识别和运用是非常明确的,具体分析如下:

首先,讲授(讲解)是传统体育教学中最常见、最普遍的方法。教师的语言表达是传递教学信息的最基本途径。借助于现代教育媒体,为教师的讲解增添了现代化的色彩,讲授、讲解能充分发挥教师语言表达的优势,渗透教师个人的语言特色和魅力,将体育教学内容全面、生动、形象、高效地传递给学生。

其次,借助于现代媒体的演播可以让学生看到和听到所学的事物和现象,在教师口头讲授的同时,利用媒体手段把抽象的内容生动地表现出来,既增加了教师对信息的表达能力,又丰富了学生获得信息的形式。[1]

总之,讲授—演播法把讲授的特点与媒体播放的特点结合起来,使得传统体育教学中单纯依靠学生看教材内容、听老师讲解、在黑板上板书绘画的呆板教学转变为丰富多彩呈现事物和现象的图像和声音,增加感性的材料。媒体的播放围绕讲授而展开;讲授结合媒体的播放而进行。整个体育教学过程更加轻松、愉快、高效。

2.讲授—演播法在体育教学中的科学应用

当前在体育教学实践中,讲授—演播法的应用步骤有以下两种模式供参考。

---

① 郭亦鹏.高校教学管理信息化建设[M].长春:吉林大学出版社,2016.

讲授—演播法的第一种实施模式。

(1)唤起回忆、引入课题。利用媒体展示事物的图像,引起对该事物回忆的同时引入课题。

(2)提出问题、锁定任务。教师在对事物进行介绍的基础上提出问题,引出和锁定本节课的任务。

(3)进行活动、实现目标。播放媒体给学生观看相关的视听内容,并指导学生阅读材料,通过思考、回答等活动实现教学目标。

(4)总结完善。利用投影,结合简要语言概括。

讲授—演播法的第二种实施模式。

(1)引入课题。用媒体展示事物形象,抛出问题。

(2)转化概念。把形象事物转化成抽象概念。

(3)学生活动。教师提供新材料,引导学生思考、议论。

(4)教师总结。教师总结。

(5)概念应用。学生用已学知识解决问题。

讲授—演播法对教师的语言表达能力和现代教学新媒体的操作使用能力都有较高的要求。同时,要求学生具有较高的学习自觉性和听讲的能力。

3. 讲授—演播法的应用注意

(1)明确观看录像目的。使学生知道看什么,怎么看,为什么看,提高学生接收信息的准确程度。

(2)通过观看录像,找出差距,使学生明确自己的程度,激发学生积极进取的学习欲望。

(二)探究—发现法

1. 探究—发现教学法的概念与特点

探究教学法和发现教学法都是已经出现并在体育教学实践中运用了近20年的新兴教学方法,但是由于在体育教学中也应用了相当长的一段时间,故而将其归为传统教学法。

探究—发现教学方法,具体是对探究教学方法和发现教学方法的有机结合使用,是一种教学方法创新,更重要的是,在该教学方法中使得现代媒体发挥了重要的作用,并在教学过程中引导学生发现问题、分析问题,最终解决问题。探究—发现教学方法是一种以培养学生创新和实践能力为目的的教学方法。

探究—发现法的教学特点具体体现在如下几个方面。

(1)探究—发现法是一个发现问题、提出问题和解决问题的学习活动过程。

(2)该方法学习者通过亲身活动提出问题、发现答案、解决问题,因此,获得的知识印象深刻、不容易忘记。

(3)该教学方法对于发展学生的分析、综合和评价等高级思维能力,培养学生发散性和创造性思维能力具有重要促进作用。

(4)学生能亲身发现科学知识,能更好地理解科学的本质。

(5)该教学方法的实施过程中教师只提供指导。

2. 探究—发现教学法在体育教学实践中的应用

依托现代信息技术的探究—发现教学法在教师的安排和指导下,主要由学生借助现代教育媒体进行探索、发现问题,从而掌握知识。该方法的具体实施过程如下。

(1)教师借助现代教育媒体设置问题情境,提出促使学生思考的问题。

(2)教师通过讲解让学生了解探究—发现的基本技能,提出探究与发现的基本要求,让学生掌握进行探究与发现的工具。

(3)教师向学生提供有关需要探究或发现的问题情境,引导学生关注有关的主题,并向学生提供必需的学习材料,以便让学生熟悉任务,进入问题情境之中。

(4)学生在教师的要求和引导下,结合过去的知识和经验自行发现问题,确定探究的方向。

(5)教师为学生提供必要的信息检索指南、专业网站的地址等,使学生利用现代教育媒体去收集、查询有关信息,寻找问题答案。

(6)学生通过各种途径、形式自行收集资料,如参考和实地考察、调查和采访、进行实验、查阅文献、观看影视录像、个案追踪分析等,并对收集到的数据资源进行筛选、归类、统计、分析、比较,得出结论或答案,最终解决问题。

(7)教师对学生得出的结论或答案进行点评和总结。

现代信息化体育教学中,探究—发现法的应用要求教师应具有较强的应变能力和运用现代教育媒体的能力,同时,要求学生具备自主学习能力和信息技术应用能力,尤其是计算机和网络通信技术的应用能力。

(三)模拟教学法

模拟教学法是用一种模型去模拟另一系统,并借助模型,通过实践进行方案比较的一种"逐次逼近"的最佳方法。

一般的模拟法主要适用于体育实践课的教学,模拟的内容也是多方面的。如对技战术实施过程的动画模拟,对竞赛场景的声音、画面模拟,对运动员的机体受力的模拟,对学习者的学习规律、过程等的理论讲解框架模拟。

在信息化体育教学中结合不同的体育教学内容,对具体情况的模拟需要用到多种现代教学媒体和设备,对此,教师必须做到熟练掌握各种现代化教学器材和设备的使用方法。

(四)电化教学法

1. 电化教学法的应用特点与意义

综合运用电教手段,目的在于丰富教学课堂,改善教学气氛,为体育教学创造良好的教学环境,使教师和学生都能更加高效地完成教学任务、学习任务,强化教学效果和提高教学质量。

信息化时代的到来,使得当前的学生在接纳和吸收新的事物的能力方面和以往的学生相比有了很大的提高,传统的教学手段和方式多为集体教学、课堂讲授,比较沉闷,已经不再适合学生。对体育项目而言,应该充分利用电教手段丰富沉闷的课堂教学,调节课堂气氛,营造轻松愉悦的教学氛围,调动学生的学习主动性,让学生以快乐的方式学到教学目标要求的知识。

传统体育教学中受各种因素(如人为因素与环境因素)的影响会制约学生对体育的理解,特别是一些理论性强、太过抽象的东西非常难理解。因此,寻找一个有效的教学切入点至关重要,对此,可以通过电教手段来解决这些难题。如把一些技术动作转化成动画或者用慢动作进行播放,让学生多角度、全方面了解技术动作结构、完成顺序,就变得非常生动和形象。

新时期,在体育教学深化改革的进程中新教学技术在体育教学中的应用是大势所趋,电教手段为体育教学开创了一个更加广阔的教学空间。

2. 电化教学法在体育教学中进一步推广实施面临的问题

当前电视、电影、广播、动画,以及体育训练中的电化仪器和设备的使用对于教师和学生都是一种新的尝试,在体育教学中备受欢迎。但由于其是一项新兴的教学方法和手段,电化教学法在体育教学中的运用还存在诸多问题以待解决。

(1)受传统教学观念影响,体育教学在学校教育中的地位有所上升,但是仍处于弱势地位不受重视,在电教教学资源分配,如多媒体教室配置方面,体育教学排在最后。

(2)体育教学的主要形式为身体力行,以活动学生的身体为主要方式;体育教学的主要目的为培养学生的身心健康,并不会像专业运动队那样对技战术动作或对对手进行系统、细致地分析。因此,需要用到多媒体教学手段的机会并不多。

(3)电教手段教学对体育教师的计算机应用能力要求较高,一些课件的制作对专业性要求较强,而有相当一部分体育教师在这方面的技术知识和水平还不够完善和丰富,操作力差,无法在教学中熟练使用,影响教学效果。久而久之,体育教师自己会产生畏难情绪,不愿意主动进行电教手段的创新应用了。

(4)现代信息化时代将电教手段引入体育教学,是一种新的教学方法与手段的尝试,尽管这样的尝试很早就开始了,但是到目前为止,和其他学科教学相比,体育教学的电教手段应用还不够普及。

针对上述诸多问题,需要体育教学工作者和学校等多方面的努力,如对体育教学多媒体教学课件的开发、学校多媒体教室的建立、政府和社会对教师知识产权研究与开发的保护、加强体育教师综合能力培养等,以使电化教学进一步得到推广与普及。

(五)微型教学法

1. 微型教学法的产生与特点

微型教学法(Microteaching)是一种现代教学技术手段,它提供一个练习环境,使日常复杂的课堂教学得以精简,并能使教师获得大量的反馈意见。

美国斯坦福大学于 1963 年首创了微型教学法。微型教学法是指教师借助电视摄、录设备培养学生某种技能的教学方法。由于该方法是在小教室中对学生的某种技能进行培训,时间短、规模小,故称之为微型教学。

实践证明,微型教学法符合人类认知规律、行为心理学以及信息论等现代科学基本原理。从某种意义上说,微型教学就是一个信息互动和认识升华的过程。

微型教学法的应用特点如下。

(1)人数少、微型化。由少数学习者 5～10 人组成"微型课堂",这样既容易操作,又可使课堂微型化。

(2)身份模拟。以真实的学生或受训者的同学充当"模拟教师"和"模拟学生",通过不断轮换学生,以保证每个学生都有充分的机会得到培训和个别指导。

　　(3)训练时间短,技能单一。被训练者利用5~10分钟的时间进行一段"微型课程"的教学实践,从中训练某一两项教学技能。

　　(4)目的明确,重点突出。在教学中把内容教学技能分解为一个个单一的技能。如提示的技能、演示的技能、板书的技能等。每次针对一种技能进行培训,培训目的明确,重点突出。

　　(5)借助媒体设备,展示范例,实时记录。在进行"微型课程"的教学实践过程中利用电视摄、录像设备系统展示某项技能的范例,供学生学习和模仿,也可在学生模仿训练时将实践过程记录下来。

　　(6)反馈及时准确。完成训练后,通过视听系统重放已记录的内容供师生点评分析,让学生及时得到反馈信息。

　　(7)评价方式多样。评价方式可以是自我评价,也可以是他人评价。

2. 微型教学法在体育教学实践中的应用

　　体育教学实践中,微型教学时间一般控制在5~10分钟,在这几分钟内要求教师或者示范生将平时40分钟课堂内容能够在这几分钟内完整呈现,并且使得学生听懂、理解。

　　此外,教师还可组织学生观看优秀教学技能示范,观看自己的动作练习回放,通过这些信息的反馈进行优劣对比,取长补短,提高教学效果。

　　需要特别说明的是,体育教学开始后的几分钟内掌握全部教学内容,乍看之下认为不可能,但是微型教学要求在前2分钟内将这次所要讲的重点内容提出,之后时间用于讲解,练习。

(六)多媒体教学法

1. 多媒体教学的特点

　　相比于传统的教学手段,多媒体教学将体育运动相关录像、图片、flash等引入体育课堂教学,效果良好。具体表现如下。

(1)多媒体教学技术可以实现一系列连续动作的动态演示，可实现定格、慢放、回放、角度转换等操作，能使教师的体育教学更加形象和生动，使学生更深入地了解、理解和记忆。

(2)在体育教学中，通过播放体育视频可以瞬间抓住学生的兴趣，或引导学生思考，能最大限度地激发学生学习和参与的兴趣。

(3)多媒体教学具有智能性、集成性、储存性等特点，它以全数字化的方式加工、处理存储，声音和图像等信息可以长久保存不变质，使用者可以控制自如，师生可随时调用查看，在媒体综合处理上可以实现内容随意跳转，视频、音频自由停放等，更有利于体育教学过程的控制与教学效果的完善。

在体育教学实践中，由于教学形式的不同，肯定不可能采用先在教室里看完由多媒体演示的运动技术，再到操场上进行运动实践的上课形式。但一系列针对各种教学的多媒体设备、软件等应运而生，更加丰富的多媒体教学设备展现出了设备更便携、更方便、更快捷的特点，越来越便携的输出设备（如手机、笔记本电脑、平板电脑等），使得学生在需要时可以观看视频或图片，使体育教学更加便捷、有效。

目前多媒体成为学校教育中不可缺少的手段。

2. 多媒体教学方法设计

利用多媒体开发教学课件主要包括需求分析、教学设计、脚本设计、素材收集与制作、软件编写及评价与修改、使用和发行七个阶段（图 4-1）。

结合体育教学的多媒体课件应用，这里重点分析以下几个教学准备（阶段）：

(1)可教性分析。在设计多媒体教学课件之前，要充分考虑是否有进行多媒体教学的必要。这是非常重要的。

对于体育教师来说，多媒体教学优点很多，但是否适用值得应用前深思，教师必须明确认识到，制作多媒体课件的目的是优化教学结构、提高教学效率。一些教师为了强调创新,一味地追求最新的技术应用,导致将体育教学变成多媒体成果展览,这显然是对多媒体教学的错误认识。[①]

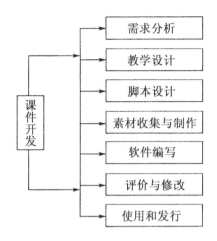

图 4-1　利用多媒体开发课件

(2)选择多媒体工具。根据教学内容的需求选择适用的多媒体编辑软件,多媒体的使用应既有利于教师的教,又有利于学生的学。

目前常见的多媒体课堂教学设备和软件、硬件设施有很多种,结合体育教学实践选择最优。例如,如果内容简单,动画少,图片多,可考虑选用 PowerPoint 演示文稿;如果交互及动画较多,程序复杂,可选用 Authorware、Flash 等编辑软件。

(3)设计程序脚本。程序脚本是程序运行的文字表述。在多媒体课件制作前,应揭清课程设计主程序、分支运行过程,可以用文字表达出来,再结合脚本组织、收集素材。程序脚本是多媒体课件的框架,有提纲挈领的作用。

(4)收集、整理素材。在多媒体课件制作过程中,教学素材的选择会直接影响课件的表现效果。多媒体课件的素材和内容必

---

①　黄起东.体育多媒体 CAI 课件设计与开发[J].边疆经济与文化,2007(10):162－164.

须有利于体育教学内容的形象和生动的呈现,可选素材类型主要包括文本、图像、声音、动画、视频等。

(5)制作多媒体课件。利用制作工具把各种多媒体素材集成制作为一个课件,课件完成后应通过试运行进行检验和评价,必要时应做修改。[①]

多媒体课件完成后,注意打包保存,拷贝到可移动设备中,以方便在体育课堂教学中使用。

(6)应用和发行。多媒体教学课件最终修改完善后就可以投入使用了,教师除了自己在教学中使用外,还可以进行交流、推广或发行。

(七)网络教学法

1. 网络教学的概念与特点

计算机网络教学(CAI 技术)集文字、图形、声音、影像等为一体,能将各种不同的媒体信息有机地集成在一起,形成多媒体演播系统,具有教学的可嵌入度以及良好的交互性能。

计算机网络教学在体育教学中的运用主要体现在校园体育教学学习网络的建立。早期的 BBS 由教育机构或研究机构管理,当前许多著名高校的校园网站上都建立了自己的 BBS 系统,通过互联网介入体育教学。计算机网络教学大大拓展了体育教学的时间与空间。

作为一种新的体育教学手段,计算机网络教学具有以下特点。

(1)计算机网络教学改变了传统体育课堂教学的范畴,使体育教学中的各种体育运动技术、战术、身体训练、理论知识、体育文化、体育动态等诸多方面在互联网中全面共享。计算机网络教学能最大限度地实现师生广泛、平等的交流,能从时间和空间上拓展体育课堂教学。

（2）计算机网络教学能将资源共享、师生互动渗透到传统体育教学的每一个教学环节和阶段，同时，在传统体育课堂教学触及不到的地方，也能做到实时的交流与互动。首先，对于体育教师来讲，在计算机互联网教学中通过校园学习网络和网络课程体系的建立，教师可以实现教学资源和教学计划的共享，以便学生预习、查阅和复习。其次，对于学生而言，学生在体育课堂上无法更深层次了解，或者没有更多时间深入探讨某一问题时，可以在课余时间关注校园体育论坛，与本班级体育教师和同学、其他体育教师和同学形成一种有效的互动。师生之间、学生之间可以利用在线交流、邮件、留言等形式实时互动，可有效降低教学时间与空间限制。

（3）计算机网络教学很好地解决了教学的延续性问题，同时，提高了教学维度。在依托计算机网络的"教"与"学"的交互平台上，通过多样化的网络课程及其配套平台设置，如网络课堂直播、公开课、论坛等，借助于校园计算机网络建设和学生的网络设备利用，形成了多元化的综合性网络课程教学体系（图4-2）。

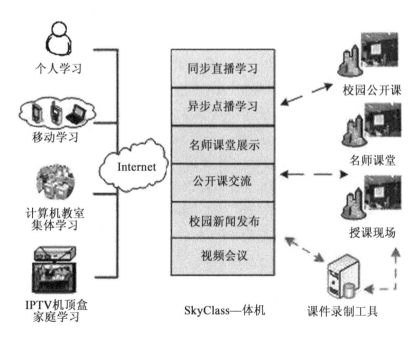

图4-2　网络课程教学体系

(4)计算机网络教学方法生动,机动多变,适应性强,体育教学更加灵活,教师和学生充分互动,突出了针对性、实用性、趣味性,可促进学生体育教学学习和教师体育教学的教学相长的良性循环。

2. 网络教学设计

(1)网络课程结构设计

课程结构设计是网络课程设计的重要工作,它包括功能设计和知识结构设计两部分内容。前者在于满足学生体育学习需求,"使用方便"是最基本的设计要求。后者在于体现出体育教学内容的层次,实现学生的个别化学习,满足不同学生体育学习需求。①

一个完整的体育网络课程应包括以下结构内容:

①体育教学视频和课件。

②体育比赛视频赏析。

③师生交流和互动平台。

④体育论坛。

(2)网络课程内容设计

一般来说,体育网络课程内容主要有两个。

首先,以电子教材的形式呈现体育课程内容。电子教材是充分运用 PPT、Authorware、Dartfish 运动分析软件、Macromedia Flash 8、CorelVideoStudio Pro X5、格式工厂等软件,使教学内容不局限于单一的文字叙述,经过设计软件制作过的视频与图片等开展教学。② 当前电子教材主要有以下四种展现形式。

①用 Authorware 软件制作教学课件。选择点件形式以解决实践教学中的重点、难点问题。如发球技术、高压球、截击球等。

②设计制作图文并茂的 PPT。以图片、视频等多媒体技术演示为主,文字叙述为辅的设计理念。

---

① 万文君,黄智武. 高校体育教学网络课程的设计与开发[J]. 北京体育大学学报,2006,29(10):1416—1417.

② 卜伟松. 网球运动教程网络电子教材的制作与应用[D]. 江西师范大学,2015.

③微课课件。运用现代教育技术、计算机 CAI 技术整合制作课程核心内容,提高教学效果。如网球先进的教学和训练理论与方法,教学过程中的诊断与评价。

④教学分析视频。运用现代教育技术、计算机 CAI 技术,选择优秀运动员的技战术视频和学生的技术动作录像进行分析。

其次,通过将体育教学内容转化为网络视频,是网络课程内容设计的又一个重要形式。内容设计应注意以下几点。

①以课程内容为基本要求,选择与教学内容有关的素材。

②在安排教材内容时要与网络教学视频相配合。

③保持传统体育课程教学中理论与实践充分结合的特色,科学、合理地压缩与改进原有内容。

④以学生为主体,符合学生学习需要以及学生认知特点。

⑤选择有利于完成教学目标、有阶值、实用的素材。

⑥注明相关网络资源链接,以备查考或进一步学习。

(3)设计信息反馈平台和入口

设计体育网络课程时应注意设计反馈渠道和平台,注意人机、师生、生生之间的交互作用,增强网络课程的交互性。①

第三节　体育教学方法的选择、优化与发展

一、体育教学方法的选择

体育教学发展到现在教学方法众多,如何选择最佳的体育教学方法是体育教师在开展体育教学活动之前应慎重考虑的问题。因为体育教学方法的选择将直接关系到体育教学过程能否顺利开展,体育教学效果能否实现。

---

① 万文君,黄智武. 高校体育教学网络课程的设计与开发[J]. 北京体育大学学报,2006,29(10):1416－1417.

就体育教学方法在体育教学系统中的地位及其与其他体育教学系统要素之间的关系来看,科学选择体育教学方法应重点考虑如下依据。

(一)依据教育理念选择体育教学方法

现代体育教学理念是体育教学方法的重要选择依据,结合当前我国体育教学理念,体育教学方法的选择应体现"健康第一""以人为本""终身体育"。

首先,现阶段体育教育教学强调素质教育,强调学生的身心健康全面发展。在"健康第一"的体育教育教学理念指导下,一切体育教学行为的开展都必须以此为指导和依据。

其次,体育教学方法的选择应体现出学生在体育教学中的主体地位,要有利于激发学生的体育学习和参与热情。

最后,体育教学方法的选择应便于提高学生的终身体育能力,使学生在毕业进入社会后依旧能够科学运用并指导自身的体育锻炼。

(二)依据教学目标选择体育教学方法

教学目标、任务不同,教学方法的选择也不同。体育教学方法的科学选择,其目的在于促进体育教育教学目标的实现。体育教学的目标是确定体育教学方法的依据之一,具体要求如下。

(1)从教学的总体目标要求出发,宏观上考虑教学媒体的选用,可以保障总体教学目标的实现,通过教学媒体为教学过程设计总体目标。

(2)从具体的教学目标出发,如果体育课的目的是让学生巩固技能,教师应多采用练习法、比赛法等;如果体育课的目的是教会学生学习新技能,教师应采用讲解、示范、分解、模仿练习等教学方法。

(3)当前教学方法的选择必须为体育教育教学"促进学生体魄强健、身心健康"的体育教学核心目标的实现服务。

（三）依据教学内容选择体育教学方法

在体育教育教学系统中，教学内容和教学方法是两个重要的系统构成要素，二者之间具有密切的关系。选择体育教学方法应充分考虑体育教学内容的方便实施，如技术动作内容的教学，应采用主观的示范操作的方法；原理和知识结构方面内容的教学，语言讲解则是最佳体育教学方法。

（四）依据学生特点选择体育教学方法

体育教学对象——学生，是体育教学的主体，体育教学方法的选用是为更好地促进学生体育学习服务的。因此，具体的体育教学方法选择应充分考虑学生特点。

在体育教学中选择体育教学方法，要求体育教学工作者在对体育教学方法的选择中，不仅要考虑学生群体特点，还要考虑学生个体特点。

首先，就学生群体特点来说，要根据抓住某一学生群体的共性，科学选择能涵盖学生这些共性的、有针对性的体育教学方法。如低年级学生应多采用游戏方法开展教学，高年级学生适宜采用探究、发现、竞赛等教学方法。

其次，就学生个体特点来说，要重视学生之间的客观差异，选择相应的教学方法，做到因材施教。

（五）依据教师条件选择体育教学方法

体育教师是体育教学方法的实施者，其自身的素质水平、知识结构、教学能力与经验、性格特征等对教学方法的实施有重要影响。因此，选择教学方法要考虑教师的体育教学的相关知识、能力、经验等特点。

体育教师在选择教学方法前应认真审视自己，根据自己的实际特点来选择合适的教学方法，全面地对待自身的专业素养、能力水平以及教法特点，以便扬长避短，使教学方法选择更具针对性。

(六)依据教学环境与条件选择体育教学方法

体育教学环境与条件是影响体育教学方法实施的客观环境，不以人的主观意志为转移，对教学方法的选择具有重要的影响，必须考虑。

教学环境包括场地器材、班级人数、课时数等，同时，外界的社会文化环境也对教学环境具有重要的影响。体育教学条件则涉及体育教学的硬件条件、软件条件等。

对于体育教师来说，在选用体育教学方法时应充分考虑教学环境与条件因素。否则，没有环境和条件支持，再先进、再好的体育教学方法，只能是空想的方法，无法落实。

二、体育教学方法的优化

(一)体育教学方法优化原则

(1)最优性原则。不同的教学方法特点、功能和应用范围不同，应根据实际情况，对多种教学方法进行比较分析、组合整理，实现功能最大化。

(2)统一性原则。教学方法的优化使用，体现在体育教学中"教"与"学"的统一。

(3)启发性原则。不管是何种形式的教学方法，都应该能更好地调动学生的积极性和自觉性。

(4)创造性原则。善于创新，集合当下体育教学改革发展动态，对教学方法进行改进和创新。

(5)灵活性原则。教学活动是一个动态的过程，教师在课前设计的相应教学方法可能在具体的教学实践中面临多方面的问题，这就需要教师根据实际教学情况，对所选的体育教学方法进行灵活运用。

(二)体育教学方法优化程序

第一步,明确学校体育教学的任务,制定任务规划。

第二步,通过对教学任务、教学内容、学生的具体情况以及教学的外部情况等进行分析,提出总体设想,对所选教学方法进行评估和分析。

第三步,制定教学方法优化组合的具体方式和细节表,应用于体育教学实践。

第四步,对实施后的教学方法进行评价,总结经验和教训,进一步优化教学方法。

三、体育教学方法的发展

(一)现代化、多元化发展

1. 体育教学方法的现代化发展

科学技术的发展为人们的生活提供了便利,在教育领域新技术的应用对新的教学模式、教学方法的创新也提供了技术支持。新技术的应用能使体育教学方法体现出时代性,具有创新性。

随着现代体育教学的发展,其表现之一是现代化的教学设备、技术在体育教学中的应用。通过先进的现代化设备,教师能够对学生的身体素质进行更加深刻的了解,并能够更好地制定运动训练的负荷量。在教学管理方面能够对学生的学习和生活提供更加便捷的服务。而体育理论教学中多媒体、计算机软件等的运用,也使得体育教学更加生动形象,具有时代性。

在体育教学中,科学技术的进步对其教学方法的影响是极其深远的。如多媒体技术教学、网络教学中的依赖视频和虚拟技术的教学方法应用。随着体育教学的各项技术逐渐发展,其教学方法也必然呈现出现代化的发展趋势。

2. 体育教学方法的多元化发展

体育教学发展至今已经有了许多教学方法,随着体育教学在未来的不断发展,也必然会出现更多的体育教学方法。体育教学方法的多元化能为体育教师的体育教学提供多种选择,进而实现体育教学更加科学的组织与开展。

体育教学是一个复杂的、动态的教学过程,单一的教学方法是无法实现教学目标的。现阶段随着新课程改革的开展与深化,体育教学必须创新教学思路与方法。[①] 多元化教学方法的创新势在必行。

(二)个性化、心理化发展

1. 体育教学方法的个性化发展

学生具有时代特征、个性差异,体育教学的方法应随着学生各方面的变化而进行适当的调整。

随着现代体育教学活动的开展,社会越来越注重学生个性的发展,学生的个性发展要求教师应根据学生的具体情况采用不同的体育教学方法。这对于提高学生的体育学习兴趣,充分调动学生的体育学习积极性与主动性具有重要的意义和作用。体育教学方法的发展也必然呈现个性化发展趋势。

个性化的教学方法改革和创新对于学生和社会的发展均具有重要意义。

2. 体育教学方法的心理化发展

学习是一项复杂的心理过程,在现代体育教学中越来越多的心理学知识在体育教学实践中得到了应用,关注学生心理、更好地引导学生的体育学习,是体育教师应考虑的重要课题,也是体

---

① 方诚. 新课改背景下体育教学创新研究[J]. 成才之路,2016(7):9.

育教师选择使用教学方法的重要参考内容。

实践表明，心理学理论在体育教学中的应用，对于实现体育教育教学促进学生身心健康发展具有重要意义，这为体育教学方法重视学生心理建设、发展提供了启发。教学方法的选用开始更多地关注学生心理，通过影响学生心理来组织和实施体育教学。

(三)最优化、合作化发展

1. 体育教学方法的最优化发展

不同教学方法各有优点，针对具体教学内容、教学对象特点，教师应善于甄选出最佳的教学方法。

具体来说，最佳的教学方法应充分考虑两个方面：教学方法创新发展必须重视教学方法优化策略中的系统性和操作性；体育教学方法的优化发展应充分考虑教学方法的实操性和实效性。

2. 体育教学方法的合作化发展

现代体育教学实践中只运用一种教学方法不可能完成整个教学，需要对多个教学方法进行综合使用，这就是体育教学的合作化。体育教学方法的合作化是体育教学方法的重要创新策略，其基于体育教学方法优化组合，是对多元体育教学方法的一种"优中选优"，更加有利于体育教学效果的完善和教学质量的提高。

第五章 信息化时代体育教学模式的更新与发展探索

　　随着我国信息技术的高速发展,各领域都取得了很大进步。以大数据、云计算为代表的信息化时代背景下,信息化时代的教学模式要求相关学科与信息技术的深入融合,信息化的体育教学对于传统的体育教学模式来讲是一场根本性变革,在教学理念以及教学手段上都需要有根本性的变化,把体育教学和当前的信息技术结合,在体育教学模式的更新和发展方面具有现实意义。为此,本章阐述了体育教学模式概述,分析了传统体育教学模式的应用以及信息化教学模式的应用,探讨了现代体育教学模式的革新与发展,为信息化时代体育教学思维转变及其改革发展探索提供新的研究思路。

第一节　体育教学模式概述

一、体育教学模式的概念

　　在一定教学思想的指导下,以丰富的教学实践经验为基础,完成特定的教学目标和内容,形成较为稳定的教学结构理论模型和实践活动的方式就是体育教学模式。

　　教学模式和计划不同,计划通常情况都比较具体并具有强烈的可操作性,缺少理论色彩。教学模式是各种类型教学活动的一种基本结构或框架，是在一定教学思想和理论的指导下建立起来的，一种策略体系。

体育教学模式就是在某种体育教学思想和理论的指导下建立的体育教学的程序，包括教学过程结构和教学方法体系，主要从体育教学单元和教学课的设计及实施中体现出来。

教学模式的重要特点是表述教学流程，将教学程序、教学手段、教学组织形式合为一体，教师明确做什么和怎么做，将抽象的理论转化为具体的操作流程。教学模式体现了规划、调节、评价教学活动的一整套教学方法理论体系，是教学理论和教学实践相互联系并相互转换的媒介。

体育教学模式是一种体育教学程序，以某种体育教学思想和理论为基础，包含相对稳定的教学过程结构和相应的教学方法体系，可以构建出多种体育教学模式，各个体育教学模式反映了教学过程结构中的不同设计。

体育教学模式主要由教学指导思想、教学过程结构和教学方法体系三个基本要素组成。三者的关系是教学过程结构的"骨架"，支撑模式；教学方法体系是"肌肉"，填充教学过程；教学指导思想是"神经"，内含在"骨骼"和"肌肉"中，起协调和指挥作用。

如果要建立一个发现式教学模式，提高学生发现、思考问题的能力，这个指导思想决定了教学模式的性质、特点和效果评价。体育教学指导思想发挥着重要指导作用，发展学生认知能力，体现了教学模式的理论性。

根据这个思想建立具有让学生发现和解决问题的教学过程结构，支撑了教学模式的构建，体现了教学模式的稳定性，教学方法体系填充了整个教学过程，体现了体育教学模式的直观性和可操作性。

设定问题—提出假设—验证学习—集体讨论—提出答案，这个过程是单元的过程，需要用教法丰富整个教学过程，如通过设问方法、组织学生进行验证问题的方法、组织学生讨论的方法等。

二、体育教学模式的特点

教学模式诸因素的内容和组合方式不同,适用的具体情况和范围大小也不同,教学模式呈现出多样性和层次上的差异性,不同的教学模式仍然具有指向性和探索性等特点(图 5-1)。

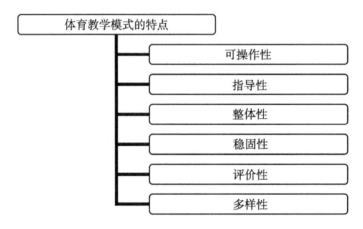

图 5-1 体育教学模式的特点

(一)可操作性

在教学模式中操作程序就是特定的逻辑步骤,它规定在教学活动中师生先做什么,后做什么,各步骤应当完成的任务,具有明显的时间性、顺序性和可操作性等特点。赫尔巴特的教学模式注重传授知识,分为四个阶段,明了、联想、系统和方法。杜威实用主义教学模式包括五个步骤,情景、问题、假设、推理和验证。教学程序源于教学阶段,根据教学内容设计,具有可操作性。

建立新的体育教学模式,意味着和以往任何体育教学模式不同,具有明显的特点和独特的教学效果,如果没有这些特点就和其他的教学模式相同。整个教程安排的特殊结构或某个特殊的教学环节上都会体现具有独特特点的教学效果,人们可以根据教学环节和教程安排来确定教学模式,还可以通过设置独特的教程或教学环节来重现这种教学模式。

（二）指导性

教学模式是教学理论或教学思想的反映,具有较强的指导性,是由理论指导的教学行为规范。不同教学理论的指导会形成不同的教学模式。如以行为主义心理学理论为依据形成程序教学模式,以认知心理学派的学习理论为依据形成概念获得模式和先行组织概念模式等。

体育教学模式的理论性是指任何一个比较成熟的体育教学模式都必定反映了某种体育教学指导思想,体现了某个教学过程理论的教学顺序,只有明确了教学指导思想和理论基础的教学模式,才会更加完善。因此,体育教学模式与教学思想及理论的相互依赖关系,形成了教学模式的指导性属性。

（三）整体性

教学模式并不是单独的教学方法、程序或者策略,是由理论依据、教学目标、操作程序、实现条件、教学评价等原因构成的有机系统,从理论上可以解释,过程中有始有终。教学模式体现了教学过程中的某个方面,展示了教学过程中各种因素之间的动态关系,从全局上把握教学过程的始末,具有完整性的特点。

一个新的体育教学模式的形成就代表着一个教学系统的改变,在新的教学思想基础上,全局把握教学过程的始末,教学过程中很多因素相互之间处于动态联系的状态,具有综合性的特征。体育教学模式的形成必然会导致教学程序的整体优化,如果只是局部做出改变,不会产生良好的教学效果,也不会形成一个完整的、科学的体育教学模式。

（四）稳固性

教学模式是在教学实践的理论基础上建立起来的,遵循体育教学活动的普遍规律,教学模式并不包含具体的学科,其提供的程序对教学起到参考作用,具有一定的稳固性。教学模式是根据教学理论和教学思想构建起来的,一定的教学理论和教学思想是一定社会的产物。教学模式与历史时期的社会政治、历史、经济、文化教育的发展水平相联系,都受到教育方针和教育目的的制约和限制。

一个新型的体育教学过程结构的确立是建立在体育教学模式的基础上,如果是结构就具有一定的稳固性。教学模式就是在任何情况下运用这种模式教学,基本的程序和主要的环节都没有很多变化。当教学模式针对不同的人和不同的时间内运用时都会产生大的变化,教学模式就没有真正地建立起来,只是一个似是而非的教学程序模型。

(五)评价性

任何一个成熟、科学的教学模式,不仅把特定的教学指导思想作为基础,也会对教学过程结构进行客观评价,会建立与之相对应的评价方法体系。对体育教学模式进行整体评价,体现了教学模式的教学价值观和体育教学组织的可行性。

任何一种体育教学模式都会对教师进行客观公正的教学评价,评价的内容包含教师对教学模式的理解程度。教师的参与、认识和学习能力,不仅是对该教师的评价,也是对教学系统的评价,使体育教学模式的形成过程更加符合自身的规律性。

(六)多样性

教学的每个环节构成逻辑联系时会呈现出不同的模式,但是教学不能模式化,不能用唯一代替多样。每一种教学模式都有自己的特点,也有自己的适用范围和重点针对的对象。没有普遍的教学模式,教师可以根据教学目标的要求、自身条件、学生个性、课程要求和具体的教学环境提供具体情况,利用和改造教学模式,这体现了教学模式的多样性。

体育教学模式并不是万能的或者绝对的,每个教学模式都具有特别的功能和特点。一般都有一个大致适应的范围,如适合什么类型的教材、学生、场地设施条件等。由于各个体育教学模式的特点不同,其对应的范围也会有大有小。

三、体育教学模式的分类

体育教学模式具有多样性的特点,主要由不同的体育教学指导思想、体育教学目的的侧重点不同、教学条件不同而造成。从总体上来看,体育教学模式是一个大的整体产生了很多变化,从各个角度和方向实现其功能,为整体教学总目标服务。

教学目标的主要内容就是通过体育教学活动实现,在学生心理健康、身体健康的基础上实现,具有体育学科教学特点,是培养终身体育价值观所必须具备的运动技能。在进行分类的时候要按照体育教学模式的目标,兼顾体育教学的总目标。

关于体育教学模式分类的方法比较多,忽略一些不成熟的体育教学模式,重点对较成熟的体育教学模式进行了分类(图 5-2)。

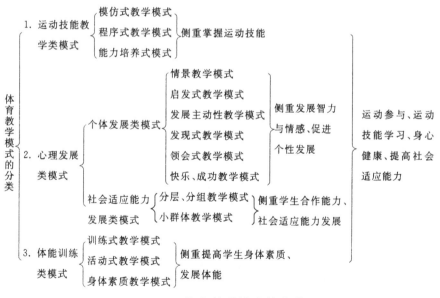

图 5-2　体育教学模式的分类

对体育教学模式的选择应注意以下几个方面。

（一）根据教学思想分类

体育教学思想是确定体育教学模式的主要内容，不同的体育教学思想赋予了具体教学模式的生命力，教学模式便有了明确的发展方向，最终实现目标。为了具有特定的教学思想，选择教材内容，丰富教学思想的多元化，教学内容的选用体现了多样性、复杂性的特点。

（二）根据教学内容分类

在细致的教学内容中对每个项目的学时进行了规定，确保各个运动项目单元教学任务的完成，大纲规定了各个项目的学时，学生能够熟练掌握自己的运动技能。"大单元教学"是非常重要的概念，根据项目中不同环节、重点主次安排不同的教学任务、教学步骤、教学方法，保证每个环节都可以有效衔接，顺利完成完整的动作教学。

在单元教学中存在掌握技能的不同阶段，教学的不同课次、不同阶段应有主次之分，主次分明教学模式上就会有不同。

（三）根据教学条件分类

体育教学的条件非常复杂，要初步归类于两大类，第一类是一些固定的硬件，如各地区、各学校的各种体育器材、场馆设备；第二类是不固定的硬软件，如各地区、各学校的传统体育项目，现代教学手段与仪器，包括多媒体模型等。

选择的方法是各个硬件具有不一样的组合形式，主要针对教学内容、教学目标、传统项目，合理选择多种多样的体育器材，合理布置场地，运用多种教学辅助手段，如挂图等多媒体课件，实现不同的教学目标。

（四）根据教学对象分类

教学活动的主导是教师，教学活动的主体是学生，体育教学活动的主要因素构成了主导和主体因素,是教学活动中最重要的部分。在选择教学模式的时候,要参考师生的具体情况和具体特点。

第二节　传统体育教学模式的应用

一、传统技能教学模式

(一)模式内容

这种教学模式是在我国体育教学领域中长期居于主导地位的一种传统体育教学模式。运动技能类教学主要沿袭了苏联教育家凯洛夫的教育思想和教学模式,更加注重系统的运动技能传授,遵循学生认识事物的规律(从感性认识上升到理性认识)、运动技能形成的规律(粗略掌握动作阶段—掌握动作阶段—自动化阶段),将教学过程细分为感知—理解—巩固—应用等阶段。

这是一种以系统教学的理论作为基础,遵循运动技能掌握的规律性来安排教学过程的教学思想和教学模式,十分重视教师的主导作用,以教师为中心和主导。传统的运动技能类教学模式侧重于本体化的加工信息,重视从运动技能的角度进行教学,教学的程序和过程就是示范、讲解、练习、纠正错误动作、再练习,形成传统的运动技能教学模式。

(二)模式应用

教学的单元设计将某一项运动技术教学作为主线,通过设定一定的难度达到单元规模,采用中大型单元,在单元内的排列中主要将运动技术的难易程度作为顺序。教学课的设计将学习和练习技能作为主线,注重练习次数,安排必要的运动量,精讲多练,对技能掌握的效果进行评价。

这种模式主要应用在运动技术比较复杂,学生人数较少,教学时数多,学生有一定的运动技能基础(图 5-3)。

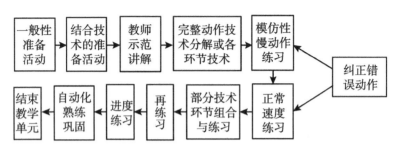

图 5-3　传统技能教学模式操作程序

二、快乐体育教学模式

(一)模式内容

快乐体育教学是重视每一个不同运动所具有的独特乐趣,愉快地从事运动学习,把运动中内在的乐趣作为目的和内容来学习的一种体育。我国引入快乐体育模式后,从思想上把快乐体育作为进行素质教育的突破,从场地和器材上满足学生锻炼的各种各样的需要,建立快乐体育园地。认识上变少数人的竞技比赛为全体学生的锻炼,实践上改变单调技术传授为丰富多彩的体育活动。

为了让大多数学生能够达到目标,每个学生都可以体验到学习的乐趣,促进学生发展进步,根据三维健康观、体育自身的特点以及国际体育课程发展的趋势,《体育与健康》课程的设计改变了传统的按运动项目划分课程内容和安排教学时数的框架,从运动参与、运动技能、身体健康、心理健康、社会适应五个方面描述具体目标。根据课程目标体系构建课程的内容标准,将内容划分为必修和选修两部分。学校和学生可以自主地选择教学内容。

人们为了快乐付出艰辛和努力,在体育教学中没有努力就没有目标的快乐,在教学中尽可能选择使学生快乐的活动,过程快乐并不代表目标快乐,教师的高明之处就在于让孩子们乐于、敢于接受磨炼,以苦为乐,以苦为荣。从目标、内容、教学方法三方面分析了运动技能的学习与运动乐趣之间的关系,两者之间并不矛盾,有矛盾也有侧重,有重点也要具体问题具体分析,强调教师如何认识体育中的乐趣,以及用什么方法让学生体验乐趣。

从学生的兴趣和需要出发,真正有效的学习需要快乐,真正的快乐只能在"需要"被满足的过程中收获。学练运动技能并不简单,在学练中不要指望学生会露出笑脸,只有当学有所获时,才会随之产生快乐的情绪。

新课程标准和快乐体育都是站在学生的立场来审视体育教学,从学生的需要出发,以学生为主体,重视学生的学习和体验,以有利于学生的发展为主要目标。学生产生乐趣体验的关键因素是教师,选择学生喜闻乐见的内容、选择恰当的教学手段、多方面激励学生运动兴趣的关键是教师,教师的准备和引导是处理学生技能学习和乐趣体验的有效保障。

在体育实践中,技能的获得和乐趣的体验既是学生希望通过体育活动所获得的,也是体育教育所追求的目标。学生希望通过体育教学获得运动和快乐,教师是引导、帮助学生获得丰收的指明灯。

(二)模式应用

快乐体育教学模式的教学过程是具有一个或者几个体验运动乐趣的环节,有时这些环节相互连接、层层递进,学生能够体验到运动、学习、挑战和创新等多种乐趣(图5-4)。这种教学模式较多采用游戏法、集体性比赛法、小群体学习法等教学方法。

体育教师具有较为丰富的教学实践经验,善于开发运动项目独特灵活的教学方法,学生对于一些基本的运动练习手段有一定的基础,并有一定的组织创新能力。教学内容的难度较低,或在教学过程中基本没有技术难度要求,教学场地、器材的要求比较高,能满足各组的教学与练习活动。

图 5-4　快乐体育教学模式操作程序

三、小群体教学模式

(一)模式内容

社会学认为群体是个人存在的普遍形式,个人存在要通过自身的体力、智力、情感等要素的输出和对他人要素的摄取来表现自己。每个人为了表现自己的存在,就要和他人发生联系,聚合成群体。

小群体就是指规模较小的群体,是个人最直接、最重要的活动环境,影响了个人的心理意识、理想的形成、情感的获取,基本特征是成员接触的直接性,也就是互动程度。

人群活动的基本单位就是这样和那样的个人组合,即群体。任何群体都具有互助与互争的二重本质,互助是群体的内向本质;互争是群体的外向本质。群体之间往往表现为互争的形态。

为了丰富学习者的学习内容,学习更加自主化、协同化,小集团学习研究由此开始。最初小集团学习并没有在体育领域中产生,而是在别的学科。1951 年竹之下休藏等人经过 3 年左右的实验研究,终于把小集团学习的学习形态移植到了体育领域中。

小群体学习法源于日本的"小集团学习"理论。日本体育教学中的"小集团学习"产生于第二次世界大战,当时日本的体育由战前的身体教育转变成全面培养人的教育,社会性的培养成为体育目标中的重要内容。

　　体育教学中的小群体教学模式也称小集团教学模式。把学生分成若干个学习小组,在教师的指导下,同组学生与学生之间、小集团与小集团之间通过互动、互助、互争,增强学生学习的主动性,从而提高教学效率,是培养学生社会性的一种教学模式。

　　小群体教学模式是社会学理论视角的小组互动学习,是西方合作学习思想的一种具体的实施方法和手段。小群体教学模式就是在群体理论指导下,学生互帮互助学习和教师的具体指导与控制,从多维度激发学生的自主学习兴趣和自我提高的主观能动性,进而达到教学的目的。

　　目前关于小群体教学模式的研究主要侧重于调动学生的学习兴趣和积极性,增加练习密度和交往次数,帮助学生熟练掌握专项技巧,锻炼身心素质。

(二)模式应用

　　小群体体育教学模式的简单教学程序是教师提出要求—小集团组成—小集团学习—集团间活动—集团解散(图 5-5)。

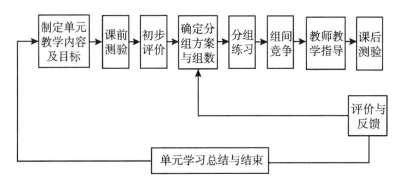

图 5-5　小群体体育教学模式操作程序

　　小群体教学模式尽管多种多样,但是在单元开始的部分都有一个分组和形成机体的过程。在单元的前半部分,以教师指导性较强的小组学习为主;在单元的后半部分,以学生主体性较强的小组学习形式为主,教师此时起到指导和参谋的作用。

　　小群体教学模式的操作应用在体育教学活动中,每个教学的环节和步骤以及每个步骤所包含的具体实施方法规定了教学活动的参与者在教学活动中应该先做什么、后做什么,各个阶段应达到的具体目标。这种程序并不是一成不变的,根据教学内容和学生的实际情况会有相应的调整。

1. 培养团队精神

在高校体育课教学中采用小群体教学模式培养大学生的团队精神以及合作竞争的意识,成员在小群体形式中为了实现小组的目标,必须努力奋斗,注重团队的作用。个体相互学习、互相鼓励,营造和谐的学习气氛,培养团队精神,提高学习效率,增强了集体主义感。

熟练掌握体育技术技能后,个体之间、小群体之间还存在着技战术的比拼及竞争的关系,培养了大学生的合作竞争意识。

2. 满足学生需求,培养学习兴趣

现代大学生的个性鲜明,传统的体育教学模式已经不能激发大学生的学习兴趣。从西方引进的小群体教学模式,强调尊重学生,以学生为主体,重视个性发展。

兴趣是学生学习的内动力,也是影响学习效果的重要因素,以小群体的形式通过教师的引导,激发学习兴趣。小群体教学模式强调学生积极参与体育教学活动的主体作用,符合新时期对高校体育课教学的要求。

3. 培养社会适应能力

大学生作为体育教育活动的参与者,通过体育教育逐步发展,逐渐融入社会化,小群体活动学习、互助协作学习,要求群体成员之间能有效交流,掌握人际交往的技巧,促进了学生的社会化发展。体现了大学生作为一个社会人在体育教学这个特殊社会中的存在,培养了大学生的社会适应能力。

四、发现式体育教学模式

（一）模式内容

教学过程中作为学习的主体——学生，需要主动学习，不仅是一个认识过程，而且也是交流和合作的过程。学生作为有着丰富情感和各种需要的完整生命体参与教学全过程，学生学什么，取决于学生如何进行学习，教学过程应是学生主动学习的过程，是一个认识过程，也是一个交流和合作的过程。

学生主动学习，学会交流，学会合作，对增进学生交往，促进学生社会技能、社会情感的发展以及创造能力的发展具有显著的优势。

课堂是学生学习活动的主要场所，是素质教育的主阵地，学生的学习方式，不全是听教师的讲授，更重要的是靠自己去思考、体验和建构，同时，还有同学间的相互交流和影响。课堂教学是学生掌握知识和技能，提高能力和素质的主要形式，课堂活动成为学生学习需要的满足过程，创设学生主动学习的情景，构建学生主动学习的教学模式。

通过体育教学，学生不仅能够懂而且会用，使学生通过学习运动的原理，掌握灵活的运动学习的方法，提高体育教学中智育的因素。课堂上通过基础知识的教学如何使学生主动学习，才能实现课堂教学的目的，培养能力，提高素质。

学生是否愿意参加并主持体育教学活动，主要动力源是在内部，采用奖励或惩罚的手段，从外部激发个人参与和主持体育活动的动机，让学生自觉发现体育运动自身所具有的价值，确信自己具有参加体育活动并主持的能力，对促使学生认识体育，自主地参加体育活动及培养能力是很重要的。

以往的体育教学中注重"教法"改革，忽视"学法"研究，换个角度思考问题，从研究教法的圈子中跳出来，让学生参与教学，在学生的教学过程中,一节他们就会学会承担"探索未知知识并把它教给学生"的责任与义务。

(二)模式应用

发现式体育教学模式是一种终极体育服务教学模式,主要遵循在体育教学的过程中学生认知的规律来考虑教学过程,在教学过程中,一节课的教学过程一般有提出问题、验证学习、集体讨论、归纳问题、得出结论等学习阶段,运用学习和练习紧密地穿插其中,采用提问、设疑和讨论等教学方法(图 5-6)。

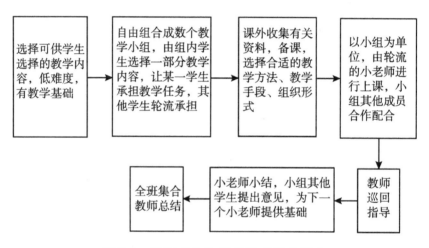

图 5-6　发现式体育教学模式操作程序

第三节　信息化教学模式的应用

随着计算机网络技术和信息技术的迅速发展,多媒体计算机和信息高速公路改变了我们的交流方式、工作方式和思维方式,新一轮课程改革已经全面开启。信息化教学模式是基于技术的教学模式和数字化的学习模式,教学模式呈现出了新的发展势头。在当今信息时代,信息化教学模式更成为教育理论与实践界关注的焦点。

一、协作型信息化教学模式

(一)模式内容

协作学习也就是合作学习,是指学习者以小组形式在一定激励机制下,学习者个人和小组通过协同互助的方式完成共同的任务而开展的学习活动。协作学习以小组活动为主体,强调目标导向功能、强调小组成员的协同互助,以总体成绩作为激励。

1. 计算机支持的协作学习 CSCL

CSCL 主要指利用计算机技术,特别是多媒体和网络技术,辅助和支持协作学习。与 CL(传统教室环境下的协作学习)比较,它具有以下特征:

(1)稳定性。在传统教室的环境下进行协作学习,通常会遇到协作变成主控的情况,而在 CSCL 环境中,建立协作是通过计算机相关技术搭建的协作平台实现,教师和学生不能脱离平台实现学习目标,因此,保证了协作的稳定、控制权的合理分配。

(2)突破性。网络实现了时间和空间上的延续,教师和学生不再受到教室环境的限制,协作的范围从班上小组延伸到整个班级、年级、学校。网络可以让学生们在大环境下学习,促进了社会学习化和学习社会化。

(3)简化性。得到计算机技术的支持,协作学习过程中所遇到的类似言语信息记忆、资料分类、冗余的数据计算、作图等繁杂的底层工作均得到简化。学生集中主要精力用于分析、决策、探索、检测和评价等高级认知活动过程。

(4)隐蔽性。在传统教室环境下,协作组的交互大多数通过面对面交流的方式展开,这种相互形式不能长时间保存,只能将交互信息记录下来,进行深入的学习、研讨和参考,需要记录员等和协作学习没有直接关系的角色,采取一定的物理方式将信息传递出去,如材料分发者和屏幕的抄写员。在计算机支持的协作环境中,电子通信、文件记录保存具有强大的功能,附属角色的任务被隐藏在学生协作过程中。

(5)全面性。CSCL环境能够比较容易地做到向协作组展现问题的全貌,创设问题情境,解决学习问题,激发学生的思维,发现探索,建构积极环境,获得高级技能、认知策略。解决和生活经验没有太多联系的问题,医学上的复杂病理在传统环境下无法实现。

(6)角色性。在传统的教室环境下,教师在长期教学过程中会形成一定的习惯,会逐渐成为教学中的领导者、控制者。而在CSCL环境中,教师变成了学生的一员,教师的角色转变成了设计者、指导者和调解者。教师需要掌握的不仅是教学内容在逻辑顺序和目标的安排合理性上,更多需要学生之间的协同合作,对学习进程进行规划。

根据计算机支持协作学习中学习者在时间和空间中的位置关系,可以将CSCL双维度划分为实时同地CSCL、非实时同地CSCL、实时远距CSCL和非实时远距CSCL。

2. 计算机支持的协作学习CSCL的设计

CSCL系统由协作小组、成员、辅导教师、协作学习环境等要素构成,对其设计主要包括学习主题的确立、学习资源的准备、小组成员的组织、学习过程的管理和评价、交互工具的设计、合作方式的设计。

学习者协作学习过程可以分为三个阶段,即分组、进行学习、最后评价,结合计算机支持协作学习的特征,从学习者的角度出发,提出CSCL系统过程模型(图5-7)。

(二)模式应用

应用协作学习的计算机环境有很多形式,支持多个学习者的网络协作学习系统将计算机作为学习伙伴与单个学习者进行协作,基于计算机网络的协作学习方式中,常用的协作式学习(教学)策略包括课堂讨论、竞争、角色扮演、协同等。

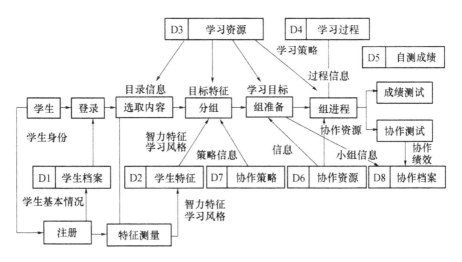

图 5-7　CSCL 系统过程模型

1. 课堂讨论

课堂讨论要求在整个协作学习过程中都要由老师来进行组织引导,讨论的问题由教师提出,课堂讨论教学策略的设计主要包含了两种,一种是提前知道学习的主题,另一种是提前不知道学习的主题。大部分协作学习属于第一种情况,但是第二种情况在教学实践中也会遇到,事先只确定了一个目标,通过集体评议交流促进全班的协作学习,具体的评议内容就是提前不知道的学习主题。

2. 竞争

运用协作学习策略时,教师需要注意选择合适的竞争对象设计竞争主题,一方面避免学生产生受挫感,另一方面巧妙利用学生不愿服输的心理刺激开展学习。

作为计算机支持协作学习模式中的竞争,要突出各成员之间的努力是相互促进的,将某些成员的成功作为外界激励,在其他成员身上产生积极的促进作用,形成整个协作小组内的成功正反馈。

3. 角色扮演

角色扮演包含了两种,一种是师生角色扮演,另一种是情境角色扮演。师生角色扮演就是让学生来扮演指导者和学习者的角色,学习者被要求解答问题,指导者检查学习者在解题过程中是否有错误。当学习者遇到困难的时候,指导者帮助学习者解决问题,在这个过程中他们的角色可以互换。

学生能够进行这种角色扮演主要是他们在学习问题上存在一定差距,运用这种教学策略的难点之一就是怎样衡量和认识这种知识上的差距。情境角色扮演要求若干个学生,按照与当前学习主题密切相关的情境分别扮演不同的角色,营造身临其境的氛围,学生能够设身处地地体验、理解学习的内容和学习主题的要求。

4. 协同

协同就是多个学习者共同完成某个学习任务,在共同完成任务的过程中,学习者需要发挥自己在认知上的特点,相互帮助、相互提示,分工合作,学习者对学习内容的掌握在和搭档密切交流中逐渐提高。基于计算机网络的协同学习系统,让更多的学习者通过网络解答系统中所出现的问题。

他们之间的沟通和协作通过公共区域实现,进行紧密合作分工才能解决问题。在开始前每个学习者都要先和其他学习者进行讨论,交换意见。

二、情境化教学模式

(一)模式内容

角色扮演促使学生与作者、教者及文中的人物走在一起,将学生置身在阅读活动中,变理解文字为感悟生活,体会情感中始终伴随着的微妙情感表达,学生之情与文章的情感紧密结合在一起,在交流和共鸣中得到深层次的领悟和自我价值的提升。

情境教学模式以案例或情境为载体引导学生自主探究性学习,可以提高学生的分析和解决实际问题的能力。情境教学对培养学生情感、启迪思维、发展想象、开发智力等方面有独到之处。

采用情境教学模式可以通过三个教学阶段来完成,感知—理解—深化。感知包括创造画面、引入情境、形成表象;理解包括进入情境、理解课程、获得感情;深化包括再现情境、丰富想象、深化感情。情境教学模式的特点主要有以下三点。

1. 获得心理体验

情境教学以生动形象的场景作为背景,激发学生学习和练习的激情。主动体验的情感要求通过教师的语言,把情感寓于教材内容之中,课堂上形成了一个心理场,作用在学生的心理上。

情境教学倡导情趣和意象,为学生创造了一个广阔的想象空间。其具有的广远性,能够促进学生更加深刻地理解和掌握教材,激发学生们的想象力。

2. 生动形象

情境并不是再现实体,而是对模拟的一种简化。能够让学生获得类似的形象感知,带给学生真实的体验感觉。

3. 知、情、意、行融成一体

情境教学模式为学生创造了一个特定的教学情境,通过用生活显示情境、音乐渲染情境、实物演示情境、角色扮演情境、直观再现情境、语言描绘情境等方法将学生带入一种情境之中。让他们产生一种内心的体验和感受,克服各种困难障碍,积极进行练习,将知、情、意、行融为一体。

(二)模式应用

1. 实物演示情境

有必要的背景,实物作为中心,构成一个整体,演示某种特定的情境,在实物演示的过程中,考虑到相应的背景,如蓝天上的燕子、大海里的鲸等。通过背景激发学生的想象力。

2. 生活展现情境

让学生进入社会,深入大自然,学生观察的客体从生活中选取某一个典型的场景,通过教师的语言,鲜活地展现在学生眼前。

3. 音乐渲染情境

音乐的语言是微妙的,给人丰富的美感,使人心旷神怡,塑造出音乐的形象,让听众能够留存在意境之中。用音乐渲染情境,并不局限在听到的流行音乐,教师也可以自己演奏音乐或者轻唱,还可以让学生自己演奏、哼唱,都是有效的办法关键在于选择的音乐和教材能够处于同一个基调、意境和情境之中。

4. 图画再现情境

图画是展示形象的最佳手段,用图画可以重现课文的情境,让课文的内容形象化和具体化。课文插图、剪贴画等都可以用来再现课文情境。

5. 语言描述情境

情境教学非常讲究直观手段和语言描述相结合,当情境出现时,教师会伴着语言描绘,对学生的认知活动起到一定的导向性作用,语言描绘提高了感知的效应,使情境更加生动鲜活,将感情色彩作用在学生的感官中。学生受到感官刺激后,主观能动性得到加强,激发了学生的情感,促进学生进入特定的情境之中。

6.表演体会情境

在情境教学中的表演主要有两种形式,进入角色和扮演角色。进入角色就是学生自己假设是课文中的某个角色;扮演角色就是担当课文中的某一个角色进行表演。这时候课文中的角色不只停留在书本上,而是由学生表现出来,让学生对课文中的角色产生亲切感。

三、抛锚式教学模式

(一)模式内容

受到建构主义学习理论的影响,以技术学为基础的一种重要的教学类型。抛锚式教学就是教师在教学时为学生提供真实的学习情境,使整个教学过程都建立在生动的事件基础上,将这种确定真实事件的过程称为抛锚。

抛锚式教学模式可以通过师生之间相互沟通交流,让学生们亲身体验从识别学习目标、提出学习目标到实现学习目标的教学过程,师生之间相互沟通交流。从建构主义的角度看,知识不能通过教师的传授获得,学习是在社会文化的背景下借助其他人的帮助,即通过人际间的协作活动而实现的意义建构过程。

认知主义的发展更加重视建构和认知主体的核心地位,通过情境创设、协作等活动建构知识的过程,学习者要想完成对学习知识的意义建构,就要能深刻理解所反映的事物的性质和规律以及与其他事物之间的联系让学习者能够有机会到现实世界中去感受、体验,而不是只听取别人的意见和讲解。

抛锚式教学需要以真实案例作为基础,就是所谓的锚,也被称为实例式教学或基于问题的教学。抛锚式教学需要两条重要的设计原则,即学习和教学活动围绕某一种锚进行设计、课程设计能够让学习者针对所学习的内容进行探索。

(二)模式应用

1. 设置情境

学习的内容能够和现实情况保持一致,或者出现类似的情况。

2. 确定问题

在设置的情境中能够选择和当前学习主题相关的真实事件或者问题作为学习的中心,学生在遇到问题后能够立刻解决。

3. 自主学习

教师不能告诉学生如何解决问题,而是向学生提供应该如何解决问题的线索,如需要收集什么资料,从什么地方获取信息资料。现实中专家解决问题的过程等,要特别注意发展学生的"自主学习"能力。

(1)具备学习内容的能力,为完成与给定问题有关的学习任务所需要的知识点清单。

(2)获取有关信息与资料的能力,知道从何处获取以及如何获取所需的信息与资料。

(3)利用、评价有关信息与资料的能力。

4. 协作学习

通过不同观点的交锋,补充、修正、加深每个学生对当前问题的理解。

5. 效果评价

抛锚式教学要求学生解决面临的现实问题,学习的过程就是解决问题的过程,这个过程直接反映了学生们的学习效果。对教学效果的评价,需要独立于教学过程的专门测验,在学习的过程中能够随时进行观察,并且记录下学生们的表现。

四、项目式教学模式概述

(一)模式内容

项目式教学是以现代认知心理学思想、自适应学习理论和探索性学习架构为基础,通过科学研究与工程实践的教学方法,促进学生们主动学习、自主发展出来的一种新型的教学方法。

在项目教学中,学习过程成了人们创造性进行实践的活动,并不注重最终的结果,更注重完成项目的全过程。在项目教学过程中能够将理论和实践教学进行有机的结合,充分发掘出学生的创造潜能,培养学生自主学习能力、观察能力、科学研究和分析问题的能力、协作和互助能力、交际和交流等综合能力。

项目教学法的执行全过程包含收集信息、确定项目、制订计划、实施落实、成果展示与结果评价等。

(二)模式应用

1. 确定项目任务

实施项目教学的前提就是能够确定合适的项目,在教学活动开展之前教师能够为学生分析教学内容,确定合适的项目,最终选定的项目要符合教学目标。考虑到学生的学习兴趣和学习需要,所选择的项目和学生的日常经历相关,难度要和学生的知识背景大致相符。

通常情况下,教师会围绕专业能力培养学生,根据专业知识模块提出项目任务,和学生一起充分讨论,最终确定项目的实现目标和具体任务。

2. 制订工作计划

确定项目实施的具体时间和项目活动的计划,以学生作为主体制订项目工作计划,确定工作的步骤和流程。同学之间进行交流,指导教师之间进行沟通,保证项目计划切实可行。

3. 组织项目实施

项目实施要求在信息的收集、方案的设计与实施过程中学生一直处于主导地位,教师只发挥咨询、指导与解答疑惑的作用,学生承担和完成某个具体的项目,掌握专业能力和社会能力。

项目式教学分为两个部分,活动探究和作品制作。活动探究主要是学生基于项目学习的重要组成部分,大部分知识内容和技能都处于活动探究的过程中。学生能够利用教师所提供的信息,以及自己收集到的资料进行整理研究,在项目中不断发现问题,积极寻求解决方案,完善自己的知识体系。

作品制作是学生学习成果的体现,这部分学生运用所学完成作品的制作。在项目实施过程中如果遇到问题,要及时和同学交流,或者找指导教师一起讨论,寻找解决问题的最佳方案。

4. 检查考核评估

当作品完成后,个人或者各个项目小组相互交流项目学习过程中的经验和体会,分享作品制作的成功和喜悦,指导教师进行检查、考核和评分,师生共同讨论和评判项目执行过程中所遇到的问题及其解决办法、成绩评定的原则和本项目的整体分析。

5. 总结评比归档

师生共同对项目教学过程进行全面总结,互相评比学生或学习小组在该项目中的表现。作品总结评价部分需要对两个方面进行评价,即教师的指导性评价和学生的自主性评价。

教师的指导性评价要围绕项目实施的过程,激发学生主动学习,树立学生学习的信心,培养学生的学习兴趣与创新能力。学生的自主评价包括自评、他评和小组对学生的评价。

学生的自主评价可以让学生认识到自己的长处和短处,弥补不足,发挥优势,提高自己辨析、判别的能力,激发学习动力。评价结果按照一定比例计入总分,最后将项目的成果,包括软件、实物、资料、数据全部归档保存,或者集中展示。

第四节　现代体育教学模式的革新与发展

在信息化环境下,体育的教学模式在革新与发展中趋于自主化,不同于以往的以教师为主的体育教学模式,而是让学生自己学习。在信息化环境下学生利用的资源十分丰富,容易获得,每个学生都可以自主选择体育课的学习内容,这种方式更加人性化、合理化。

在现代体育教学模式中,学生们可以选择的范围更广,自由地挑选自己最感兴趣的活动项目,提高学习效率。体育教师利用信息技术,结合信息环境,为学生设计体育教学的目标、内容、过程等,为学生提供学习资料,答疑解惑,给予学生耐心的指导和监督。通过主动代替被动的学习方式使学生产生学习兴趣,积极地配合体育教师进行体育教学。

学生们以自我为中心,结合自身实际情况,制定学习方案,教师对他们进行指导,帮助他们改良学习方案,提升学习效率。在信息化环境下的体育教学模式更加自主,全面提升教学质量与效率的关键在于它的内容全、互动性强。现代体育教学模式可以引导学生进行自主学习,提升学习的主动性。

一、优化教学内容

我国体育教学计划的统一性,按照统一的教学计划来制定教学目标,导致教学目标的一致性。在信息化时代的背景下越来越多的人关注健身,教师在实际教学中,教学内容要注意体现健身性以及与休闲型文化联系在一起,在训练的项目上要做到能够吸引学生的注意力,使学生能够发自内心地参与到体育教学中。

课内的主要任务是学习一些新的知识点,改正错误动作,因而,要充分利用课外的时间加强强化练习、过渡练习、复习与巩固已学的知识与技术,经常锻炼,培养习惯,才能把运动技能上升为熟练化、自动化。在课程内容、教育方式、考核评价等方面形成一系列的转换,重新定位教学模式。

制定和实施教学实践中,安排教学内容要考虑传统运动项目,如三大球、乒乓球、羽毛球、游泳、田径等的优势。利用和创新突破改革难点,建立完善的人才培养体系,积极引进新兴的运动项目,如啦啦操、健美操、瑜伽、体育舞蹈、自行车、野外生存、拓展训练、民族体育项目等内容,满足学生学习需要的同时,适应社会发展新形势下的人才需求。

大力推进信息技术在教学过程中的普遍应用,促进信息技术与学科课程的整合,逐步实现教学内容的呈现方式、学生的学习方式、教师的教学方式和师生互动方式的变革,充分发挥信息技术的优势,为学生的学习和发展提供丰富多彩的教育环境和有力的学习工具。

二、丰富教学目标

现代教学理论的研究和实践活动表明,学生的智力因素和非智力因素在学习活动中起到关键作用,只有明确体育教学的目标,才能朝着目标不断地努力。对体育教学目标进行优化更新,明确素质教育目标,不仅要发展学生的身体素质和心理健康素质,还要学会1~2项的运动技能,掌握科学的健身保健知识和健身方法,适应以后社会发展和健康生活的需要,避免在具体教学实践过程中脱离重点内容和技术。

现代教学模式的构建改变了传统的教学活动中片面强调智力因素的作用,忽视非智力因素的作用的状况,教学模式的目标不只是为了增长学生的知识,培养学生的能力,还要把情感教育、人格教育、品德教育与知识教育结合在一起。体育教师在执教过程中发展学生运动兴趣,摒弃传统守旧的思想理念,培养学生良好的体育素养,勇于突破、敢于创新,养成健康的生活方式,积极参与体育锻炼的习惯,为学生营造一份轻松、自由、快乐的学习氛围。

随着教学模式理论基础的不断充实、实现目标的情意化,其评价必然发生改变。单一的评价方式显然不能全面反映出一个模式的科学与不科学,所以,评价标准的多元化是必然的。积极引入一些现代化的、适合当代学生发展的教学模式,除了考虑发展学生体能和运动技能的同时,还要兼顾学生的个体差异和个体需求,将健身性、娱乐性和时尚性等元素积极融入到体育教学环境中,激发学生学习兴趣和学习能力,因材施教,深入研究适合当代学生个性发展的教学策略。

三、转变教育观念

现代人们更加重视健康问题,健康体育教学观念逐渐深入人心,高校体育教师将现代健康体育观念等融入教学工作中,对教学模式进行适宜调整,注重"健康教育"和"终身体育"的结合。体育教育是高校教学活动的重要组成部分,在提高人的身体素质,心理健康方面有着重要意义。通过正确和科学的方式对学生进行训练,结合学生体质特征、身体素质等情况提供运动建议,为学生身心健康发展奠定坚实的基础。

传统的教学模式只重视终结评价的作用,忽略了学生学习和练习过程中的评价,因而,学生的学习兴趣、爱好、情感反应都得不到反馈和体现。体育教学不仅是课堂技术教学,更应该培养学生的创新意识,使其适应变化的社会,拥有较强的体育能力。

教师摒弃传统体制、技能教育思想,充分发挥体育课缓解学生压力、放松身心以及娱乐性方面的优势对教学模式进行调整和改进,不再是完成必修课程就结束体育学习,而将其当作一种终身技能与习惯。

这就需要教师在教育理念、教学方法、教育内容和教学评价等方面进行改变,在丰富教学内容的基础上对大学生身心发展的需求进行满足,为学生自我体育观念、终身体育意识等方面的培养提供更多支持。

受应试教育的影响,部分学生和教师对体育教学工作的重视较少,在时代不断发展下人们的这一观念有所改变,观念及思想层次的变化促进了教学模式的转变。在新的教学模式影响下,反向影响学生的意识和思想观念,选项课、俱乐部等模式的出现为学生体育运动兴趣的培养及正确体育意识的形成提供更多支持,体育教学模式正朝着更加科学健康的方向发展。

四、强化教学设计

随着现代化信息技术在课堂教学中的广泛应用,教学模式的实现条件必将走向现代化。学生通过自主学习可以提升院校活动的影响力和号召力,突出学生的主体地位,如在体育教学中运用多媒体教学帮助学生建立正确的技术表象;健美操课运用多媒体技术培养学生的创编能力等。

在体育教学模式的运用过程中,充分利用现代教学手段,将学生的视觉与听觉有机结合起来,往往会取得更好的教学效果。改变学生被动学习专业技能的现象,使学生们在参加实践活动的锻炼中提升自己的体育专业思想,建设交流平台,充分表达自己的想法,丰富专业实践内容,更好地满足学生的发展需求。

五、教学模式多样化

理论研究的目的是指导实践研究,同时,也起到总结实践的作用。如果理论脱离了实践,那必将成为一纸空文,而目前大多数的理论研究仅止于此,因此,造成了许多低水平重复的极大浪费。每种教学模式都有其独特的教学思想和教学方法,这就使得每种教学模式必然有不同的优缺点,为了促进高校体育教学质量及效率的提升,使学生掌握更多体育知识、技能,提高学生身体素质及终身体育意识,教师应该采用多元化的教学模式对学生进行教学。

要加强研究的力度与成效,理论研究与实践研究的结合是一条必由之路,教学模式的研究同任何理论的研究趋势一样,必将从一般教学模式研究走向学科教学模式研究,再到课堂教学模式研究。不同的体育项目中教师可以根据项目特点、实际情况、学生基础及接受能力等对教学模式和教学方法等进行调整和选择,吸收其他教学模式的优点,弥补自己的缺点。

课堂教学模式的研究又趋向精细化,包括学期教学模式、单元教学模式、课时教学模式。尤其是有关中小学体育教学模式的理论与实践研究将会得到很好的重视。对某几种教学方法进行联合使用,相互之间取长补短,充分发挥各类教学模式和方法的优势,弥补单一教学模式中的不足,为体育教学模式科学性的提升奠定基础。

第六章 信息化时代体育教学设计的发展探索

随着现代科学技术的发展,各种信息化技术越来越发达,信息化技术在社会各个领域也得到了充分的利用,彰显出极大的社会价值。可以说,当前社会已经进入一个信息化发展的时代。在这样的背景下,体育教学也要紧跟时代发展的形势,充分利用好这些先进的信息化技术,促进体育教学的发展。本章就重点研究信息化时代背景下信息化技术在体育教学设计中的利用与发展。

第一节 体育教学设计概述

一、体育教学设计的概念与特征

(一)体育教学设计的概念

1. 教学设计

目前学术界关于教学设计的概念还没有一个统一的定论,各个专家及学者都持不同的见解。但总体来看,比较有代表性的观点主要有以下几种:

国外著名学者布里格斯认为,教学设计是"分析学习需要和目标以形成民族学习需要的传送系统的全过程。"加涅则认为"教学设计是一个系统化地规划教学系统的过程。"瑞达·瑞奇认为教学设计是"为了便于学习各种大小不同的学科单元而对学习情景的发展、评价和保持进行详细规划的科学。"

我国一些学者将教学设计看作是"为了达到一定的教学目的,对教什么(课程、内容等)和怎么教(组织、方法传媒的使用等)进行设计"的过程。也有一些学者提出教学设计"是以获得优化的教学效果为目的,以学习理论、教学理论和传播理论为理论基础,运用系统方法分析教学问题、确定教学目标、建立解决教学问题的策略方案、试行解决方案、评价试行结果和修改解决方案的过程。"

综上所述,我们可以理解为,教学设计是在进行教学活动之前,教学执行者根据具体的教学目标的要求,运用系统方法对参与教学活动的各种要素进行分析和策划的一种过程。

2. 体育教学设计

根据以上对教学设计的理解与定义,结合体育教学自身的特点与要求,可以得出体育教学设计的概念,即体育教学设计是指为获得优质的教学效果,教学执行者在进行体育教学活动之前,以系统的思想和科学的方法为指导,以体育教育学的相关理论为基础,结合与体育课程有关学科,根据体育教学自身的特点,在充分考虑学生身心发展和相互关系的基础上设计出的有利于体育教师开展教学活动的一种操作性较强的体育教学操作方案。

(二)体育教学设计的特征

1. 系统性特征

在进行体育教学设计的过程中,设计者需要对已经发现的体育教学问题进行综合分析,然后确定教学目标,在这样的基础上再围绕所设定的目标设计体育教学的各个环节,从而有效保证体育教学"目标、策略、评价"三者的一致性。

体育教学是一个完整的系统。整体上来看,体育教学设计在工作程序上通常并不是安全按照既定的步骤和顺序进行的，而是进行不断往复、相互补充，通过对体育教学主体、体育教学媒体、体育教学内容与方法、体育教学模式、体育教学评价等诸多方面在体育教学中所占的地位进行综合分析和考虑，以便更好地保证体育教学设计的整体系统性，从而确保体育教学的最优化效果。

2. 超前性特征

体育教学设计遵循一定的科学理论基础，这些理论主要包括体育教学论、运动生理学、运动心理学、运动生物力学、运动解剖学等。设计者在这些理论的指导下，在体育教学设计的过程中遵循体育教学的相关规律，依据学生的个性、特征和学习能力，对体育教学目标、方法和内容的相关策略体系进行合理构建，从而设计一个科学、合理的体育教学体系。由此可见，体育教学设计是对体育教学的一种超前的预测和设计，是建立在现有教学条件基础上的一种设计方案，具有一定的超前性特征。

3. 差距性特征

在体育教学中，整个体育教学过程是复杂、多变的。体育教学设计就是在体育理念以及体育学习需要的指导下所形成的一种事实方案。在具体的实施方案过程中受各种因素的影响，可能会出现一些难以预料的问题，因为设计者对现有教学条件分析、设计的教学目标、采取的教学策略等与现实条件存在一定的差异。因此，体育教学具体实践活动就往往与体育教学设计的方案存在一定的差距，充分体现出体育教学设计的差距性特征。

4. 灵活性特征

设计者设计体育教学环节需要按照一定的流程进行，但在具体的实践操作中，设计者通常不会根据相应的流程图所呈现出来的线性程序来进行开展。例如，学习需要分析是体育教学设计过程模式中一个重要的教学设计环节,但是作为基础教育,我国中小学体育教学由国家教育决策部门统一制定《体育教学大纲》和《体育(与健康)教育课程标准》,所以,中小学体育与健康课程的教学设计就不需要到社会中进行分析和论证社会需要的工作。这就要求我们在开展体育教学设计工作时,要根据不同的要求和具体情况,合理地确定设计中的各个要素与步骤,以保证体育教学设计的科学性和有效性。

5. 创造性特征

体育教学设计的过程应该是一个创造性地解决体育教学问题的过程。在具体的教学设计中依据体育教学设计的基本理论,体育教学目标、体育教学方法和体育教学条件相互之间的关系要充分反映出来,并对这些关系的变化产生影响的要素予以揭示,从而对理论框架进行构筑。在体育教学设计的过程中设计者应阐明需要、确定策略,对教学设计的因素进行归纳或简化,这一设计过程是自觉的、富有创造性的。因此说,体育教学设计具有重要的创造性特征。

6. 艺术性特征

在具体的体育教学设计过程中,设计者要根据体育教学内容、学生特点、学习能力等,充分发挥自己的聪明才智,设计出具有创造性的教学方案,该方案既别具匠心、独特新颖,又层次清晰、富有成效,能给人带来美的享受。因此说,体育教学设计具有一定的艺术性特征。

综上所述,体育教学设计就是灵活性、系统性、创造性、科学性、艺术性和具体性的完美结合和高度统一。在具体的体育教学过程中,体育教师要通过运用科学理论来对体育教学设计进行指导,逐步提高自己的体育教学设计水平,创造性地设计出促进教学质量提高的教学方案。这对于学校体育教学的发展具有重要的意义和作用。

二、体育教学设计的理论基础

体育教学设计是一项系统性工程,在这一系统内涉及的要素众多,设计者在进行设计的过程中需要掌握和应用众多的学科理论作为设计依据。其中系统理论、传播理论、学习理论、教学理论和传播学理论是最为重要的几个学科理论。

(一)系统理论

世间万物都是以系统的形式存在的,系统中的个体永远处于永不停息的运动之中,这就是系统理论的观点。系统理论为学校体育教学设计提供了系统分析方法,教会体育教师以整体观去看待问题,并进行体育教学的设计。

1. 系统理论概述

系统是元素及其关系的总和。系统理论的观点认为,系统是"相互作用的诸要素的复合体""系统是相互间具有有机联系的组成部分结合起来的能够完成特定功能的整体"。系统是由两个或两个以上子系统构成的,每一个子系统要满足以下条件。

(1)系统存在于一定的环境之中,又作用于一定的环境,没有环境就没有系统。

(2)系统包括一定的元素。系统是由不同的要素组成的,其中,构成系统的主要元素称为要素,构成系统的各要素之间存在着一定的联系,相互影响,相互制约。

(3)系统具有一定的结构。系统之所以成为系统是因为构成系统的各元素之间存在着一定的相互联系,没有各个元素之间的联系就构不成系统。

大量的研究与实践表明,任何一个系统无论大小都具有以下特性。

（1）集合性特征。系统是事物的集合，任何一个系统都是一个有组织的整体。

（2）整体性特征。系统各要素具有不同的功能，各要素之间相互联系，从而构成一个整体。系统的功能要大于各要素的功能之和。

（3）相关性特征。构成系统的各要素是相互联系、相互依赖、相互作用的。

（4）目的性特征。任何系统都是指向特定的目标，通过系统功能完成特定的任务。

（5）反馈性特征。系统具有自我调节的能力，为了保证自身的正常运行，系统必须通过反馈使自己处于一种相对稳定、平衡的状态。

（6）环境适应性特征。系统存在于环境中，与外部环境之间存在着相互作用，一方面，环境为系统提供一定的物质、能量要素；另一方面，环境对系统产生限制，便于系统运动。因此，系统要不断适应外部环境的变化来维持自身的完整性和正常运转。

2. 体育教学系统的构成

整个学校体育教学系统是由五个要素构成的，每一个构成要素都是学校教学系统的一个子系统。具体如下。

（1）学生。学生是学习的主体，是学校体育教学系统中必不可少的要素之一，一旦离开学校体育教学的对象——学生，教学就会失去目的。

（2）教师。教师是学校体育教学的教授者，是学校体育教学活动中师生双边关系中重要的一环。在体育教学中教师作为集体，有带头人、骨干和助手等要素，又有老年、中年和青年等要素；教师作为个体，包含体育知识、运用体育方法、运用教学媒体以及主观努力程度等要素。

（3）教学内容。体育教学内容主要表现为教材，是和体育与健康有关的知识、技能、方法的体系。在体育教师实践中教学内容决定着体育教师教什么和学生学什么，具体包含了教授体育与健康知识、教授体育与健康技能、发展学生智力、提高学生社会适应能力、培养学生体育情感等要素。

（4）教学方法。教学方法是指教师和学生为达到学校体育教学目的和完成教学任务所采取的方式、途径、手段、程序的总和。常见的学校体育教学方法主要有动作示范、教具和模型演示、多媒体演示阻力和助推力、定向和领先、讲解法、口令指示、间歇法、持续法、重复法、循环法、游戏法、比赛法等。可以概括为直观法、语言法和练习法。

（5）教学媒体。在学校体育教学的过程中，师生交换信息时承载和传递信息的工具就是教学媒体。教学媒体主要包含语言、文字、动作示范等视觉要素和记录、储存、再现符号的实体要素，如图片、模型、电视、电影、录像、电脑模拟等。

综上所述，以上五个要素在学校体育教学目标的支配下共同发生作用，缺一不可。构成体育教学系统的各个子系统的构成要素的素质和结构，决定了体育教学系统整体功能的大小和特点。

（二）学习理论

学习理论研究的对象是人类学习的本质及其形成机制，属于心理学理论的范畴。学校体育教学设计要根据学生的体育学习需要，确定学校体育的教学目标、教学策略、实施方案和教学媒体，充分发挥体育教学对学生的全面发展的作用，促进学生学习体育，提高学校体育教学质量，挖掘体育教学的功能。

1.学习理论概述

学习理论所强调的学习泛指有机体因经验而发生的行为变化，现代学习理论的散打学派对学习的性质有不同的理解和认识："行为主义的学习理论强调学习刺激与反应的联结,主张通过强化和模仿来形成和改变行为;认知主义的学习理论强调学习是认知结构的建立与组织的过程,重视整体性和发展式学习;人本主义的学习理论讲到学习是发挥人的潜能、实现人的价值的过程,要求学生愉快地、创造性地学习。"①换一种说法,就是行为主义心理学家认为学习是"由经验引起的行为相对持久的变化";认知心理学家则认为学习是人的倾向或能力的变化,但是这种变化要能保持一定时期且不能单纯归因于生长过程;人本主义理论则以学生为代表,重视学生潜力的发展和自学能力的发展。

概括来讲,现代学习理论具有以下三大功能:学习理论给研究者提供学习领域的知识、分析探讨和从事学习研究的途径和方法;学习理论归纳和概括有关学习法则的大量知识,为了使学生更好地掌握以使其进一步地条理化、系统化和规范化;学习理论重视对学习的发生和发展过程的分析和解释,重点在于说明学生的学习效果参差不齐的原因。

学习理论研究人类的学习,阐述学习的基本规律,而学校体育教学设计必须符合学习者的体育学习,遵循学习的基本规律。因此,学习理论是学校体育教学设计的重要理论基础之一。

2. 学习理论对体育教学设计的理论支持

学习理论主要有三大学派,即行为主义学派、认知主义学派和人本主义学派。现就三大学派对学校体育教学设计的理论支持分析如下。

(1)行为主义学派学习理论对体育教学设计理论的支持。行为主义学派中,为学校体育教学设计的程序提供依据的主要是斯金纳的程序教学。程序教学从探讨程序学习的主要方式,发展到

---

① 袁振国. 当代教育学[M]. 北京:科学教育出版社,1998.

重视对学生作业的分析、对教材逻辑顺序的研究以及对学生行为目标的分析,然后,考虑整体教学过程中更为复杂的因素,设计最优教学策略,并在教学措施实施之后做出相应的评价,使程序设计更符合逻辑性,为学校体育教学设计分析、设计和评价提供理论基础。

(2)认知主义学派学习理论对体育教学设计理论的支持。美国当代认知心理学的主要代表人物布鲁纳认为,学习是认知结构的组织和重新构建。布鲁纳提出了学习的几项基本原则,即同化原则、结构原则、程序原则和强化原则。在体育教学过程中要求学生积极主动地探求知识,获得智慧。认知主义学习理论对体育教学设计的指导思想具体体现在:在学校体育教学设计中教师应重视对学生特征的分析,重视对体育教材内容的分析,充分考虑体育教材内容的知识、技能结构和学生认知结构的协调性,关注学校体育教学设计模式、方法、手段的制订和教学媒体的选择,以达到以学生在原有体育知识和技能以及认知结构的基础上,顺利完成对新知识和技能的同化和认知结构的重新构建,激发学生学习的积极性,提高学习效果。

(3)人本主义学派学习理论对体育教学设计理论的支持。以罗杰斯为代表的人本主义学者认为在教学中教师应"以学生为中心",主张学生要充分挖掘自己的潜在能力,能够愉快地、创造性地学习。在学校体育教学设计中要重视对学生学习需要的分析,重视对体育教材内容的分析,重视对体育教学策略和体育教学过程的分析,这样才能设计出有针对性的教学方案,有利于教学活动的开展。

(三)教学理论

教学理论是研究教学本质和一般规律的科学。它通过规律性的认识来确定优化学习的各种教学条件与方法,要解决的核心问题是教师如何"教",如何提高自己的教学技能。

1. 教学理论概述

一般来说,教学理论的研究对象和范畴主要包括以下几个方面。

(1)教学价值、教学目的和教学活动的具体目标。探讨教学目的、教学目的的制定依据以及与教学活动的关系。

(2)教学本质。解释教学过程的影响因素、组成结构及规律。

(3)教学内容。分析教师、学生与教学内容的关系,如何选择、调整和合理编排教学内容。

(4)教学模式、教学原则和教学组织形式,重点研究教学的手段和方法。

(5)教学评价。包括教学评价的标准、要求、手段和反馈。

古今中外在不同历史时期就存在着许多教学理论,如我国古代孔孟的"学而不思则罔,思而不学则殆""循序渐进""举一反三""因材施教""循循善诱"等儒家教学思想;近现代时期,蔡元培、陶行知等倡导教学要重视发展儿童的个性,从儿童的特点出发,发挥儿童主观能动性的教育思想。国外教学理论经历了萌芽时期、近代形成期、现代发展期三个时期。在萌芽时期,苏格拉底、柏拉图等人提出和使用问答法、对话式、练习法、模仿等教学方法;近代形成期,捷克教育家夸美纽斯提出教育目的、内容等必须适应儿童年龄特征的"大教学论",法国卢梭提出观察法、游戏法,充分肯定了儿童的积极性及其在教学中的教育,德国的第斯多惠提倡发现法和"一个坏的教师奉送真理,一个好的教师则教人发现真理";现代发展期,美国杜威主张"儿童中心""做中学"和五步教学法,苏联的凯洛夫强调教师的主导作用和重视系统知识、技能的传授。古今中外教学理论的研究和发展,对现代学校体育教学设计具有重要的指导作用。

2. 教学理论对体育教学设计的理论支持

体育教学设计是科学解决体育教学问题、提出解决方法的过程。体育教学设计的各要素能在教学理论中汲取精华,指导实践运用。在教学理论的指导下,通过对教学理论研究的对象和范畴,即教师、学生、教学目的、教学任务、教学内容、教学形式、教学方法、教学原则等指导体育教学设计,为体育教学设计提供依据。

体育教学设计以教学理论为基础,其中的各项要素,如体育教学指导思想、体育教学目标、体育教学方法、体育教学活动程序、体育教学组织形式、学校体育教学媒体等都需要从各种教学理论中寻找理论支持。从某种意义上讲,体育教学设计的产生是教学理论不断发展和完善的结果,学校体育教学设计也要遵循教学理论发展的规律,以教学理论为重要依据进行设计,这样才能保证教学设计的科学性。

(四)传播学理论

在体育教学中,整个体育教学过程也是一个信息传播的过程。针对学校体育教学过程,传播理论可以清晰地揭示其系统中各要素之间的动态联系和相互关系,描述教学系统中信息的传播过程,为学校体育教学设计者提供理论支持。

1. 传播理论概述

信息是反映各种事物的特征和变化的组成。威尔伯·施拉姆认为,信息的传播和接收模式主要包括四个要素,即信息发送者、信号、信息通道和信息接收者。首先,信息发送者通过各种媒体,使用各种方式发送信息;其次,信息接收者对信息发送者发送的信息进行编码;最后,被编码后的信息通过信息传播通道再传播出去。上述传播模式中有效的传播不仅是发送信息,还要通过反馈途径从接收者那里获取反馈信息,以便确认发出去的信息是否得到了准确无误的传递。

一般来说,传播的形式主要有四类,即个人之间的传播、小组传播、机构中的传播和大众媒体的传播。个人之间传播受人际关系、需要等的影响;小组传播情境具有相互依赖、较强的目的性、密集性;机构的传播受机构的传播模式和有影响力的管理者的影响;大众传播具有单向快速、信息接收者可控制信号接收的两个特点。

在体育教学中,上述传播理论都可以应用到体育教学设计中,从而指导体育教师更好地设计出体育教学方案,促进体育教学质量的提高。

2. 传播理论对体育教学设计的理论支持

（1）说明了学校体育教学过程所涉及的要素

美国政治家哈罗德·拉斯韦尔的理论学说在传播学中颇有影响,他于1948年正式提出了大众传播的"5W"公式。"5W"公式清晰地描述了大众传播过程中的五个要素和直线式的传播模式,这些要素为研究学校体育教学过程、解决体育教学设计中的各种因素和问题都有一定的指导作用。运用"5W"公式分析学校体育教学传播活动,可以将学校体育教学中所涉及的各个要素分析和解释,见表6-1。

表6-1　5W传播过程模型与学校体育教学传播过程所涉及的要素分析

5W	含义	学校体育传播过程涉及的要素
Who	谁	传播者(学校体育教师或其他教学信息源)
Says What	说什么	讯息(学校体育教学内容)
In Which Channel	通过什么渠道	媒体(学校体育教学媒体)
To Whom	对谁	受体(学校体育教学对象)
With What Effect	产生什么效果	效果(学校体育教学效果)

随着传播学理论的不断发展,1958年布雷多克在"5W"传播模式的基础上提出了"7W"模型。运用"7W"公式分析学校体育教学传播活动,可将学校体育教学过程涉及的七大要素一一分析解释,见表6-2。

表6-2　7W传播过程模型与学校体育教学传播过程所涉及的要素分析

7W	含义	学校体育教学传播过程涉及的要素
Who	谁	传播者（学校体育教师或其他教学信息源）
Says What	说什么	讯息（学校体育教学内容）
In Which Channel	通过什么渠道	媒体（学校体育教学媒体）
To Whom	对谁	受体（学校体育教学对象）
With What Effect	产生什么效果	效果（学校体育教学效果）
Why	为什么	目的（学校体育教学目的）
Where	在什么情况下	环境（学校体育教学环境）

　　在传播学理论的指导下，可以将体育教学传播过程看作是一个正给。通过对传播学理论中传播过程各个要素所产生的影响作用，可以将影响学校体育教学传播过程中的各个要素，如体育教学的传授者——教师，教师的语言、动作示范或者其他信号等教学方法——传播方法，教师借助体育运动项目、场地、器材和多媒体——传播工具，体育教学内容——信息，体育教学的接受者——学生等，通过对这些要素的关注和理解，合理进行教学设计。

　　（2）指出了学校体育教学过程的双向性

　　传播是一个双向、互动的过程。在学校体育教学中，体育教学信息的传播也是双向的、互动的，是通过师生之间的互动行为来实现的。因此，体育教学过程的设计必须重视教与学两方面的分析，要根据反馈信息调整教学进度和方案。

　　（3）传播过程要素构成学校体育教学设计过程

　　在体育教学中，传播过程中的传播内容分析、受众分析、媒体分析、效果分析等因素的研究和分析成果，在不同程度上可以为体育教学设计中的学习内容分析、学生分析、学校体育教学媒体的选择、学校体育教学评价等构成因素做出相关指导，二者之间的联系见表6-3。

表6-3 传播过程要素与学校体育教学设计过程要素的对应

传播过程要素	学校体育教学设计过程要素
为了什么目的	学校体育学习需要分析
传递什么内容	学校体育学习内容分析
由谁传递	学校体育教师、教学资源的可行性
向谁传递	教学对象(学生)分析
如何传递	学校体育教学策略选择
在哪里传递	学校体育教学环境分析
传递效果如何	学校体育教学评价

三、体育教学设计的依据

在体育教学中,体育教学设计要依据体育教学理论、系统科学理论、体育教学实际需要和学生的特点进行设计,这样设计出的教学方案才是合理和有效的。

(一)体育教学理论

体育教学理论的内容非常丰富,主要包括体育教学基本原理(体育教学任务和目标、体育教学原则、体育教学的地位和作用、体育教学过程的特点和规律等)、体育教学系统(体育教学活动中的教师和学生、体育教学物质条件、体育教学内容等)和体育教学方法(体育教学评价、体育教学组织形式、体育教学方法和手段)等几个方面。在进行体育教学设计时,设计者要学习和掌握以上基本教学理论。

整体而言,体育教学设计的主要工作包括对指导思想进行设计,确定教学内容和教学目标,对学生进行分析,并对教学程序、教学方法和教学组织形式等教学策略进行选择和制定等。这些都需要吸收各个体育教学理论的精华部分并进行综合运用,如此才能设计出科学有效的教学方案。

(二)系统科学原理

系统科学原理是指把复杂的系统作为一个整体,从整体上加以研究。这一原理在体育教学研究中应用的比较广泛。对于系统科学而言,系统论、控制论和信息论是其核心之所在。在当今科学研究方面,系统科学是其中的研究特点,同时,也是建造"大型工程"的重要理论基础。利用系统科学基本原理来研究教学这一系统并指导教育教学活动,已成为现代教育教学研究的新领域。在系统科学方法论的基础上,教育信息传播学、教育系统决策学、教育控制论等诸多研究成果得以产生出来。就系统科学而言,其主要包括三条基本原理。

1. 反馈原理

在一个系统之中只有通过信息反馈,才有可能产生有效的控制,从而更好地达到教学的目的;反之,则无法实现有效控制,不能达到相应的目的。

2. 有序原理

任何一个系统只有开放、远离平衡态、有涨有落,这样有可能走向有序;如果没有开放、处在平衡状态、没有涨落的系统,就不可能走向有序。这里所说的有序主要是指信息量的增加,组织化程度走向增加,也就是说,混乱程度不断减少。系统从低级的结构转变为高级的结构,这就是有序;相反,就是无序。

3. 整体原理

在一个系统中只有系统中的各个要素相互联系,相互促进,才能发挥整体的功能,促进事物的发展。如果系统各个要素相互之间没有形成一个合理的有机结构,各要素不能充分发挥其智能,整个系统也就无法发挥应有的整体功能。

体育教学系统非常复杂,它主要由各个体育教学要素共同构成,各个体育教学要素的联系非常紧密。通过采用系统方法来对教学系统的各个要素的作用和地位进行分析,以促使各个要素能够达到最优化组合,从而促进体育教学效率的提高。

（三）体育教学的实际需要

在体育教学中,进行体育教学设计的主要目的就是保证体育教学任务的顺利完成,促进体育教学目标的实现。体育教师在进行体育教学设计的过程中,首先要明确体育教学目标和教学任务,如对所属什么类型的课、具有什么样的教学特点等加以认真分析,对教学目标进行分解,并使之成为可以操作的具体要求。总之,要根据体育教学的实际需要设计体育教学方案。

（四）学生的特点

在体育教学中教的目的是为了学,体育教师在进行教学的过程中必须要通过学生积极主动的学才能起到有效的作用。这就要求在进行体育教学设计时,体育教师要对学生的学习需求、身心发展特点和规律、学习能力和水平等进行综合分析,如此才能设计出科学有效的教学方案。

四、体育教学设计的环节与步骤

（一）体育教学设计的环节

在体育教学中,体育教学设计的环节主要包括分析环节、决策环节和评价环节三个方面。

1. 分析环节

体育教学分析环节是整个教学设计的基础,其内容主要包括以下几个方面。

(1)分析体育教学任务。

(2)分析体育教材内容。

(3)确定学生的起点状态和学习水平。

(4)分析学生从起点状态过渡到终点状态的学习态度和行为。

2. 决策环节

体育教学设计的决策环节是教学设计的核心,它包括以下几个方面的内容。

(1)制定体育教学目标,选择体育教学内容,布置场地与器材。

(2)考虑给学生呈现体育教材,提供学习指导的方式和方法。

(3)设计有效可行的教学方案。

3. 评价环节

体育教学评价即考虑如何对体育教学的结果进行科学的测量与评价,以及进行修订,它是设计高质量教学方案的保障。

综上所述,分析环节是设计环节的基础,为设计环节提供重要的依据;设计环节则为分析环节提供具体的运用途径,是分析环节得以实现的依托;评价环节通过检验分析环节和设计环节,提供反馈信息,为改进和完善分析环节和设计环节提供保障。体育教学设计的分析环节、设计环节和评价环节相互支持和相互作用,从不同的方面为设计出"低耗高效"的体育教学方案服务。

根据体育教学设计的原理,结合体育教学设计的特点,可以确定体育教学设计的基本程序(图 6-1)。

(二)体育教学设计的步骤

在具体的体育教学设计过程中,要按照以下步骤进行设计。

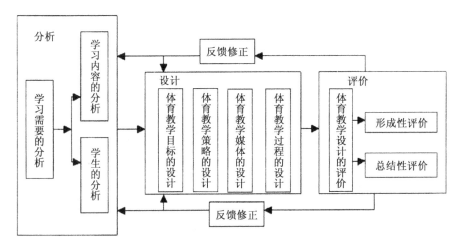

图 6-1 体育教学设计流程图

1. 分析学生的体育学习需要

分析学生的体育学习需要,是指对学生在体育与健康学习方面的实际情况同所期望达到的情况之间的差距进行分析。通过对体育学习需要加以分析,能够很好地梳理体育教学的目的和教学手段、教学方法和教学问题等之间的关系,这是做好体育教学设计工作的重要基础。

(1)体育学习需要的分析是一个比较系统化的调查研究过程,其目的就是将体育学习需要揭示出来,并从中找出体育教学中所存在的问题。通过对问题产生的原因加以分析,来对问题的性质进行确定,明确分辨出体育教学设计是否具有能够将这一问题予以解决的合适途径。同时,还要对现有的体育教学资源和制约条件进行分析,以对这一问题得以解决的可能性进行论证。

(2)体育学习需要分析的结果可以提供有代表性的"差距"资料和数据,从而为制定准确的、适宜的体育教学目标提供重要的依据。

2. 分析体育教材内容

在体育教学中分析体育教材内容的主要目的就是对教材内

容的功能、特点、所选择的教材对象、教学环境的具体要求、教材内容重点和难点的确定等进行全面的了解,也就是说,解决教师"教什么"和学生"学什么"的问题。

体育教师在分析体育教材内容的基础上,对体育教学的组织形式、方法和手段进行选择和确定,从整体上来优化设计体育教学过程,从而为"如何教"和"如何学"提供重要的依据。

3. 分析学习者

学生是体育教学活动的主体,学生的学是进行所有体育教学设计活动的目的,是否能够实现体育教学目标,这主要由学习者在体育学习活动中的认识和发展体现出来。而学习者作为体育学习互动的主体,要根据自身的特点在体育学习过程中进行学习。因此,要取得体育教学设计的成功,必须重视对学习者的分析。通过分析,对学习者体育学习的准备情况和学习风格进行了解,为确保体育教学设计中所确定的学习目标、选择和组织的教材内容、体育教学过程的整体规划、选用的体育教学策略等教学外因条件能够与学习者的内因条件相适合提供依据,从而促进学生体育知识的掌握和运动能力的发展。

总的来说,体育教学设计必须要将学习者作为中心,对学习者的具体实际和特点进行全面的了解,再针对"谁学"的问题进行时刻的考虑。

4. 设计体育教学目标

体育教学目标就是体育教学活动的开展所预期达到的教学标准和结果。它是体育教学设计工作的出发点和最终归宿,同时,也是开展体育教学设计评价的重要依据。

在体育教学中,体育教学目标决定着教学的未来发展方向,决定着体育教材内容的选择、体育教学模式的选用、体育教学策略的运用、体育课结构和类型的构建以及体育教学过程的规划。因此,在体育教学设计方面,体育教学目标的设计对其他体育教学设计的要素和环节进行引领,并对体育教学设计的全过程进行决定。

总的来说,体育教学目标的设计要围绕体育教学目标进行,其他各方面的设计也要围绕体育教学目标进行,这样才能保证教学活动的顺利开展。

5. 设计体育教学策略

体育教学策略是为了促使体育教学目标得以顺利完成所采用的体育教学活动方法、手段和组织形式等因素的总称。

体育教学策略的设计主要是选择体育教学内容,分析学习者的目前状况,在了解所有教学问题的基础上,实现从目前状况转变为期望状况的工具和手段。

体育教学策略的设计要追求在使体育教学目标得以最优化实现的过程中,对各种教学策略进行最大效率的运用。

6. 设计体育教学过程

体育教学过程是指学生在体育教师有目的、有计划的指导下,对体育与健康的基本知识和技能进行学习,促使自身身体健康得以增强,促进心理健康,不断促使自己的社会适应能力得到不断提高的过程。

对于体育教学设计思路来说,体育教学过程的设计是对其的整体化体现。根据体育教学的整体思想,采用简易的流程图,将体育教学设计的前期分析结果和背景分析结果呈现出来。因此,在这一环节要考虑如何利用现有的体育教学资源及挖掘潜在的体育教学资源,安排什么样的课型,设计怎样的教学环节和步骤等一系列问题。

7. 体育教学设计的评价

体育教学设计评价就是指全面地检验体育教学设计方案本身和方案试用过程以及结果的过程。通过进行体育教学设计评价,能够发现体育教学方案中的不足之处,从而及时提供反馈信息,促进体育教学方案的改进和完善。

通过进行体育教学评价,主要能够解决以下几个问题。

(1)体育教学目标的确定是否合理。

(2)对学习者、体育教材内容等的分析是否合理。

(3)体育教学策略的设计是否合理。

(4)体育教学方案能否获得理想的教学效果。

五、体育教学设计的意义

在整个体育教学活动中,体育教学设计起着不容忽视的作用。在体育教学初始阶段,它主要起着重要的指导、定向以及宏观调控的作用,是体育教学目的实现过程的具体演说,因此说,体育教学设计的好坏直接影响着体育教学效果的实现。总体来看,体育教学设计的意义主要体现在以下几个方面。

(一)有利于体育教学工作的科学化和现代化

传统的体育教学设计大都是将书本、课堂和教师作为中心,片面地强调学生的主体作用,在具体的教学过程中,很多教学决策都是体育教师凭借个人的经验和意向来决定的。因此,这种教学方式具有很大的不确定性,缺乏科学性,不利于学生的发展。

现代体育教学设计在学习理论和现代教育理论的基础上,遵循体育教学设计的相关规律与特点,采用系统方法来解决体育教学中的各种问题,这就使得体育教学活动设计挣脱了经验主义的束缚,而进入科学的轨道之中,使广大体育教育工作者易于接受,并能在体育教学实践中进行传承。因此,要想促使体育教学工作更加科学化,就需要加强体育教学设计的科学化和现代化发展。

(二)有助于提高体育教师解决问题的能力和效能

在体育教学活动中,体育教学设计提出了一套对体育教学问题进行确定、分析、解决的原理和方法,这些也能够在其他领域和性质的问题情境中加以应用,具有一定的迁移性。因此,通过学习和运用体育教学设计原理与方法,可以有效培养人的思维能力,提高人解决问题的能力。

(三)有利于体育教学理论与实践的有机结合

很长一段时间以来,体育教学研究偏重于理论上的描述和完善,对体育教学帮助不大,使体育教学理论成为纸上谈兵,对改进体育教学工作帮助不大。这些必然同不够深入的理论研究有着很大的关系,更多的原因是对研究缺少重视,导致了在具体实践方面无法进行操作。而奋斗在体育教学一线的广大体育教师,则感到在他们的实际工作中体育教学理论太远而将其抛到脑后,在体育教学实践中茫然地摸索。在这种情况下,体育教学设计则起到了重要的沟通体育教学理论与体育教学实践的"桥梁"作用。

一方面,通过体育教学设计可以在实际的体育教学中来更好地应用已有的体育教学理论和研究成果,从而促进体育教学质量的提升。

另一方面,不断充实和丰富体育教学理论体系,这样便能够将体育教学理论和教师实践有机结合起来。

(四)有利于培养青年体育教师的创新能力

体育教学既是一门学科,也是一门艺术。在培养体育师资队伍方面,体育教学设计提供了一个非常有效的途径,通过学习体育教师能快速掌握教学理论与方法,并通过进行实际操作和运用来得到进一步提高和熟练,从而提高自己的创新能力和水平。

(五)有利于体育教学的优化以及体育教学质量的提高

在体育教学设计的过程中,体育教师要客观地分析学生、学习内容和学习需要,合理确定教学目标,正确选择教学策略和教学媒体,做好体育教学效果的评价,促使体育教学活动能够达到最佳的效益,从而促使体育教学的质量得到不断提高。因此,体育教学设计是达到体育教学最优化理想境界的关键一步。

但需要注意的是,体育教学设计自身具有一定的缺陷,如面对难以明确某些学习目标的教学,体育教学设计也是无能为力的。而且体育教学设计作为一个系统化的组织过程,容易忽略专门、精确的细节,这给体育教学设计的实施带来一定的不确定性,因而,会导致体育教学过程的失误与偏差。但总体上而言,体育教学设计为体育教学活动的开展奠定了良好的基础,对于学校体育教学质量的提高具有重要的帮助。

第二节　信息化教学设计的理论与方法体系

信息化教学是一种充分利用现代化教学媒体、现代教育技术而开展的双边活动。在体育教学中利用信息化技术进行教学设计是一种良好的途径。本节主要研究信息化教学设计的理论与方法体系。

一、体育信息化教学设计的概念与内容

(一)体育信息化教学设计的概念

体育信息化教学就是指在信息化环境中教育者与学习者借助现代教育媒体、教育信息资源和教育技术方法所进行的双边活动。体育信息化教学的基本特点是:以信息技术为支撑;以现代教育教学理论为指导;强调新型教学模式的构建;教学内容具有更强的时代性和丰富性;教学更适合学生的学习需要和特点。体育信息化教学不仅是在传统教学的基础上对教学媒体和手段的改变,而且是以现代信息技术为基础所引起的一系列改变,包括教学理念、教学目标、教学模式、教学评价等各个方面的变化。

总之,体育信息化教学设计就是运用系统方法,以学为中心,充分利用现代化的信息技术和信息资源,科学地安排教学过程的各个要素,以实现体育教学过程的优化效果。在体育信息化教学设计中,设计者应用信息技术构建信息化环境,充分利用先进的教学手段,提高学生学习的兴趣,从而提升教学质量,促进体育教学发展。

(二)体育信息化教学设计的内容

通常情况下,体育信息化教学设计的内容主要包括以下几个方面。

(1)学生基本特征与学习水平分析。

(2)体育教学目标分析。

(3)体育教学模式与教学策略的设计。

(4)体育学习情境与体育学习任务的设计。

(5)体育教学媒体设计。

(6)体育教学资源的挖掘与开发。

(7)体育教学评价的设计。

(8)体育教学管理过程的设计。

(9)体育教学过程与结构设计。

二、体育信息化教学设计的基本模式

(一)分析体育教学目标

在体育教学设计的过程中,首先要确定好体育教学的基本目标。确定体育教学目标的目的是确定学生学习的主题,即与基本概念、基本原理、基本方法或基本过程有关的知识内容,对教学活动开展后需要达到的目标做出一个整体描述,包括学生需要掌握哪些知识与运动技能,在运动技能的学习中获得哪些心得和体会等。

(二)学习问题与学习情景设计

学习问题是整个体育信息化教学设计中的重要内容。学生在学习过程中所遇到的各种问题,需要通过解决具体情景中的真实问题来达到学习的目标,从而提高自己的学习能力和水平。因此,学习问题与学习情景的设计非常重要。

(三)学习环境与学习资源的设计

学习环境是学习资源和学习工具的组合,这种组合实际上旨在实现某种目标的有机整合。学习环境的设计主要表现为学习资源和学习工具的整合活动。在具体的设计过程中,设计者要考虑人际支持的实施方案,但需要注意的是,人际支持通常表现为一种观念而不是相关的法规制度。由于学习环境对学习活动是一种支撑作用,学习环境的设计必须在学习活动设计的基础上进行。不同的学习活动可能需要不同的学习资源和学习工具。设计者必须清醒地认识到这一点,从而做好学习环境与学习资源的设计。

(四)体育教学活动过程的设计

在体育教学活动中学生学习的动力主要来源于其与学习环境的相互作用。在具体的学习活动中,学生认知与情感态度等的变化都应归因于这种相互作用。因此,学习活动的设计必须作为教学设计的核心设计内容来看待。学习活动可以是个体的,也可以是群体协作的。群体协作的学习活动表现为协作个体之间的学习活动的相互作用。学习活动的设计最终表现为学习任务的设计,通过规定学习者所要完成的任务目标、活动内容、活动策略和方法来引起学生认知和情感的变化,从而达到促进学生学习水平提高的目的。

(五)体育信息化教学设计成果的形式

体育信息化教学设计的具体成果形式不仅是一篇传统意义

上的教案,而且还包括多种教学内容,如教学情景问题、教学活动设计规划、教学课件设计等。

(六)体育教学设计单元包内容

通常而言,体育教学设计单元包主要包括以下内容。
(1)体育教学设计方案的确定。
(2)多媒体体育教学课件的制作。
(3)学生作品范式。
(4)体育学习参考资源。
(5)体育教学活动过程模板。

三、体育信息化教学设计应用的原则

(一)培养学生的创造能力

在传统的体育教学活动中学生是被动学习接收者,受到的是灌输式的教育,体育信息化教学设计要改变这种传统教学模式,将教学的重心从教师的"教"转向学生的"学",将关注教师教学行为的设计转向关注学生学习活动的设计。在体育信息化教学中,教师是学生学习的促进者与帮助者,在整个教学活动中起着重要的指导作用;而学生则是学习的主体,在学习活动中能充分发挥自己的主动性,提高自我学习的意识与能力,因此,这种教学方法有利于培养学生的创造能力,从而促进学生综合素质的发展和提高。

(二)加强体育学习环境的设计

学习环境是学习者利用资源生成意义并且解决问题的场所。信息化教学设计强调通过提供丰富的资源和学习工具,创设学习情境,构建学习共同体等环境因素,为学生有效地获取知识和技能、协调地发展智能与个性、促进高级思维能力的发展提供支持。

在体育信息化教学环境中,学生通过资源工具的支持进行学习,不但能获得教师的帮助,而且还能与其他同学做好沟通与交流,提高与人交往的能力,这对于促进学生学习水平的提高是非常有利的。

(三)注重体育教学情境的建设

学生的学习活动都是在一定的教学情境中进行的,因为只有在真实的学习环境中获得知识才能在现实生活中加以运用。为此,在体育教学中学生通过创设真实的教学情境,不仅可以激发联想提供记忆的线索,而且还能激发学生学习的积极性,获得知识和技能,这对于学生认识与实践水平的提高是非常有利的。

(四)注重协作学习,共同提高

在整个体育教学过程中,协作学习始终贯彻整个过程。通过协商交流,学生与学生之间可以共享自己的思想与观点,全面地认识和理解各种问题。在具体的协作学习中,要想使他人理解自己的想法,就必须要有一个清晰的思路并且恰当的表达出自己的想法,这可以有效培养学生的语言表达能力,在这一学习过程中提高自己的人际交往能力。

信息化教学中通常是以小组或其他协作形式展开学习,小组中的每个成员均承担一定的任务。在学习的过程中,学生不仅要对自己的学习负责,还要关心和帮助他人,达到共同学习、共同提高的目的。

(五)注重体育学习过程的评价,建立多元化评价体系

在传统的体育教学中,开展教学活动的主要目的是实现教学目标,通过考试测验等方式进行教学评价,来检验教学的成果。而在现代体育信息化教学中,教学结果评价只是其中的一个方面,对学生学习过程的评价成为重要的评价内容,强调学习过程的评价是一个动态过程,要将结果评价与过程评价充分结

合起来进行。

一般来说,体育信息化教学非常强调知识的建构,与传统教学中学生对知识的复制、回忆和再认的表现形式相比,信息化教学更加复杂和多样化,因此,建立一个多元化评价体系是尤为重要的。

第三节　信息化时代体育教学设计的发展

在现代科学技术快速发展的今天,高科技手段、先进的多媒体手段越来越广泛地应用于体育教学之中。利用现代多媒体手段进行教学,设计有效的教学过程成为体育教师的重要选择。由此可见,在信息化不断发展的今天,体育教师要充分利用这一有效手段促进信息化教学设计的发展策略,进而促进体育教学设计的发展。

一、提高体育教师对信息化教学设计的认识

(一)从教学内容信息化的角度看信息化教学设计的必要性

体育教学内容信息化是指在教学过程中充分利用以网络、多媒体为基础的现代信息技术,对教学内容进行动态设计,从而实现体育教学的效果。如计算机程序设计、数据库管理等课程存在内容枯燥、概念复杂等问题,那么,通过教学内容的优化组织,依靠信息化教学设计方法,用动画、图片、视频等方式进行讲解和评价,可以使复杂变简单、抽象变形象。这种教学设计方式非常有利于学生学习水平的提高。

(二)从教师教学信息化的角度看信息化教学设计的必要性

在当前的体育教学中,虽然信息技术应用得越来越频繁,但

实际上远未发挥其应有的作用。在具体的教学中,绝大多数体育教师把简单使用 PPT 授课视为对信息化教学的掌握,而另一些教师过分追求技术应用而忽视了教学的整体性,缺乏现代教学方法的实践与利用。因此,体育教师非常有必要进行信息化的教学设计,只有掌握了信息化教学设计的精髓,才能更好地提高教学水平。[①]

(三)从学生各方面能力培养的角度看信息化教学设计的必要性

在体育教学中学生是信息化教学的参与者和接受者。教育的目的之一就是让学生掌握学习方法,具备自主学习的能力,而信息化教学则提供了这样一个良好的渠道。总体上来看,在体育教学中学生普遍缺乏学习的主动性,因此,引导他们积极主动地参与学习,参与互动就显得尤为必要。信息化教学设计中包含了学生的参与环节,在这种模式下学生能够自觉主动地去学习,学会利用新的工具去掌握知识与技能。

二、加强新型教学媒体在体育教学设计中的应用

(一)促进新型教学软件水平的提高

硬件设施作用的发挥离不开软件设施。目前我国学校的现代教育软件资源较为短缺,教育软件质量比较低,这对体育教学的现代化发展造成了重要的影响。对此,学校教育工作者可以加强对体育多媒体资源库的建立和完善,为体育教师和学生查阅资料提供有效的途径与平台。各学校还可以根据自己的具体实际建立一个现代化的教育资源交流平台,从而实现教育资源的共享,提高教学质量和水平,促进体育教学发展。

---

① 高鹏,刘红梅.高职院校开展信息化教学设计的分析与研究[J].中国市场,2015(41):124—126.

(二)提高体育教师对新型教学媒体的运用能力

(1)在信息化时代,体育教师应不断更新自己的观念,紧跟信息化时代的发展形势,以适应社会和学校发展的需要。

(2)培养体育教师信息化教学的能力,促进其应用新型教学媒体的综合能力的提高,从而为组织与管理好整个体育教学活动服务。

(3)在对体育教师的信息化教学能力培训中,可以采取灵活多样的培训方式进行分组式、分层次的培训,以促进培训整体效果的提高。

第七章　信息化时代体育教学评价的改革与发展探索

作为体育教学的一个重要组成部分,体育教学评价有着非常重要的地位和作用。尤其是在信息化时代,体育教学评价的作用是不可替代的。具体来说,通过体育教学评价能够对体育教学的总体和具体情况有一个客观、真实的了解和认识。由此将教学效果反馈给教学主体,并且以此为依据来对今后的体育教学提供科学的指导,从而更好地促进体育教学的发展和改革。本章首先对体育教学评价的基本理论进行了阐述,接着对信息化教学评价与传统教学评价的比较、传统体育教学评价手段的应用以及信息化教学评价的内容与方法进行了分析,最后则对信息化时代体育教学评价的发展进行了探索。由此能够帮助人们对信息化时代体育教学评价的发展改革有全面的了解和认识。

第一节　体育教学评价概述

一、体育教学评价的概念与类型

(一)体育教学评价的概念

以体育教学目标与原则为依据制定科学的标准,运用一切有效的技术手段对体育教学活动的过程及结果进行测定、衡量,并给以价值判断的过程,就是所谓的体育教学评价。它主要包括对体育教师教的评价和对学生体育学习的评价两个方面。[①]

(二)体育教学评价的类型

按照不同的标准,可以对体育教学评价进行不同的类型划分。其中较为常见的类型主要有以下几种。

1. 定量评价和定性评价

这两种类型是根据评价分析方法划分的。

(1)定量评价

运用统计分析、多元分析等方法对评价资料做出定量结论的评价就是所谓的定量评价。定量评价较为强调运用有关数学方法,从"量"的角度在复杂的数据中得出有规律性的结论。

(2)定性评价

以达到各种规范化行为的优劣程度或指标体系中项目要求的程度来表达的标准就是所谓的定性评价。这一类型的体育教学评价往往会用比较和分类、分析和综合、归纳和演绎等方法来从"质"上对评价进行分析。通常来说,其往往采用符号或评语的形式。

2. 过程评价和结果评价

这两种类型是以评价内容为依据划分的。

(1)过程评价

在体育教学过程中,对达到体育教学目标的方法和手段的评价就是所谓的过程评价。过程评价往往对达到目标的方法和手段如何进行评价,并且是在体育教学设计过程或体育教学过程中进行的。过程评价的适用范围是较为广泛的,其中最主要的有两个方面:一方面,可在完成仍需修改的形成性评价中进行运用;另

---

① 毛振明,于素梅. 体育教学评价技巧与案例[M]. 北京:北京师范大学出版社,2009.

一方面,也可在完成体育教学过程中对学生接受情况、时间、费用等的总结性评价中加以运用。

(2)结果评价

对体育教学活动实施后的效果评价就是所谓的结果评价。这一类型的教学评价能够充分发挥其完成总结性评价的功能,同时,也能够有效提供形成性评价的信息。

3. 诊断性评价、形成性评价和总结性评价

这三种类型是以评价功能为依据来划分的。

(1)诊断性评价

诊断性评价是在开展某项体育教学活动之前进行的,以此来对学生的态度、知识、体能、智力、技能等状况进行摸底测试,从而将学生的实际水平和准备状况确定下来,同时,还要对学生是否具有实现新的体育教学目标所必需的基本条件进行准确的判断,从而为体育教学决策提供依据,进而使体育教学活动与学生的背景和需要相适应。诊断性评价非常显著的特点之一就是针对性。

(2)形成性评价

为获得良好的教学效果而不断进行的评价就是所谓的形成性评价。在体育教学活动中运用形成性评价,对于及时了解、反馈阶段体育教学设计成果、阶段体育教学结果、学生学习的进展情况以及存在问题等是非常有帮助的。同时,也能够为及时调整和改进体育教学工作提供一定的便利。一般情况下,形成性评价在体育教学设计活动中运用得较为频繁。

(3)总结性评价

对教学活动的总结和评价就是所谓的总结性评价。这一评价类型在教学活动告一段落后运用得较为广泛。通常情况下总结性评价对体育教学活动中教与学的结果是非常重视的,检验对学生体育学习的结果是否达到了体育教学目标的要求是其主要目的所在。

4. 自身评价、相对评价和绝对评价

这三种类型是以评价基准为主要依据而对体育教学评价进行的分类。

(1)自身评价

被评价者纵横比较自己的过去、现在或不同侧面,进而将自己各方面的能力和进步情况确定下来的评价就是所谓的自身评价。自身评价的主要作用在于:使被评价对象内部的各个方面或各个阶段不管是横向还是纵向都得到很好的比较,从而对其现状和趋势加以准确判断。

(2)相对评价

在被评价对象的集合或群体中建立基准,进而将各个对象与基准进行逐一比较,以此来对群体中每一成员的相对优劣进行对比的评价就是所谓的相对评价。相对评价的优点主要有:甄别性强,适用面广;缺点则为:相对评价的基准会随着群体的不同而发生变化,不能很好地将体育教学的优缺点反映出来,容易导致评价标准与体育教学目标相偏离。

(3)绝对评价

以体育教学的目标为主要依据,对体育教学设计方案、教和学的成果进行的评价就是所谓的绝对评价。与相对评价一样,绝对评价也有着其特定的优点和缺点。其优点主要为:评价标准较为客观,使用得当,能够使每个被评价者对自己与客观标准之间的差距有一定的了解,从而不断向标准靠近;缺点则主要为:受评价者的主观意愿和原有经验往往会对评价标准的制定和掌握产生一定的影响。

二、体育教学评价的意义与目的

(一)体育教学评价的意义

体育教学评价本身就具有非常重要的意义,具体来说,表现在以下几个方面。

1. 将教和学的积极性有效调动起来

体育教学评价能使体育师生双方及时了解自己教学和学习的成果,并引导他们积极进行自我评价,从而强化学生的学习动机,使师生及时发现问题,改进教学工作和学习方法,全面解决问题,获得良好的"教"与"学"的效果。

2. 对教学过程的科学化和最优化起到积极的促进作用

体育教学过程的科学化是指遵循体育教学规律设计教学。定期对体育教学情况进行检查和评价,能够将哪些做法符合教学规律,哪些做法违背规律反映出来。同时,还能够反馈体育教学达到预期目标的程度。按体育教学过程最优化的原则规范体育教学过程,这对于调整教学过程会起到积极的作用,还能有效促进教学过程科学化和最优化。

3. 提高教学质量

以体育教学目标为依据对体育教学进行全面检查,并予以价值上的判断,是体育教学评价的根本要求。可以说,评价的每一步都是为最大限度地实现体育教学目标,并最终实现体育教育目的而迈进的。因此,体育教学评价是端正体育教学思想、改革体育教学方法、提高体育教学质量的重要保证。据此对体育教学进行评价,根本目的在于对每个学生的"一般发展"的程度,也就是体育教学目标的达成程度进行测量和评价。

(二)体育教学评价的目的

提高体育教学的质量与效益,更好地促进学生体育素质的发展,是体育教学评价的主要目的所在。具体来说,主要表现在以下四个方面。

1. 有效提升体育教学水平

体育教学评价目的是为改进和提高体育教师的教学水平,使教师对体育教学过程的设计、体育教学方法与策略的运用、体育教学组织与实施形式的艺术、体育教学技术和媒体的选用等获得科学的检查。

2. 使学生体育学习的兴趣得到提升

通过体育教学评价使学生对自身体育学习有所了解并有一个合理的评价,激发其体育学习的兴趣和积极性,并对体育学习的方法有计划地进行调整,以提高自身的体育成绩和体育素养。

3. 使体育管理更加完善

通过体育教学评价为学校体育教学提供更加完善的体育学习环境(包括物质、人际环境以及文化方面)、体育组织形式(包括团队、班组等体育组织)以及体育管理方式(奖惩等)。

4. 使体育科研水平进一步提高

体育研究者可根据体育教学评价的相关信息,对体育教材、体育学科课程、体育教学方法、体育教学技术、体育教具以及体育教学目标等方面进行整体或局部的研究或改进。

三、体育教学评价的内容

在体育教学中,体育教学评价的对象是整个体育教学系统。具体来说,包括的内容主要有评价者和被评价者、体育教学过程。如果根据这两个评价对象为纵轴和横轴来划分,可以得出"体育教学评价对象与内容图"(图7-1)。

由图7-1可以看出,这些评价都与体育教学评价有着密切关系。体育教学评价的对象与内容主要包括以下五个方面。

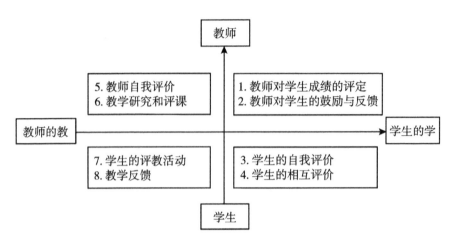

图7-1　体育教学评价对象与内容

（一）教师对体育教授过程的评价

通过一定的理论与方法的运用来对体育教学过程与教学结果进行评价，能够使教学质量得到有效的提高，由此可以看出，这是一种重要的评价活动和手段。对体育教学过程进行评价，其主要目的在于通过公正、客观、及时、可靠地对体育教师课程的教授质量与教学效果，以及时发现教学活动中的优缺点进行评定，并通过提供准确、具体的反馈信息来为教师改进体育教学工作提供一定的帮助，对教师不断提高自身的体育教学水平起到积极的促进作用。体育教学评价的内容主要涉及两个方面，一个是教师的教；另一个是学生的学。体育教学评价的形式也主要包括两种，一种是"教师对自己教学情况的自我评价"；另一种是"教师之间的相互评教活动"。

从某种意义上来说，体育教学过程的评价是体育教学评价的一个重要方面，全面客观地评价能够使体育教学评价的效果得到有效的提高，因此，有着非常重要的意义。

（二）学生对教师教授过程的评价

在现代教育理念中，学生对教师教授过程进行评价这一评价方式是值得重视和推荐的,这种评价的内容主要有两个方面,一方面是对教授过程的评价;另一方面则是对教授效果的评价。这种评价的形式通常包括两个方面,一个是"学生在学习过程中对教师教授内容的随时反馈",其通常被视为非正式的评价活动;另一个则是"有学生参与的评教活动",其通常被视为正式的评价活动参与评价。对体育教学效果最重要的反馈,就是学生对教师所教授的知识和技能等各个方面的理解与运用,以及所表现出来的运动技能和身体素质等。学生通过对体育课程的学习,使其对体育与健康的认识、熟练掌握体育技战术知识与运用能力、学会运用科学的锻炼方法等得到有效的增强,从而使自身的综合素质得到提高,努力实现自我超越。同时,通过学生在体育教学过程中的表现和体育技能等素质的提高水平能够客观地将教学有效反馈出来。但不管如何,这都是一种值得研究与利用的评价方式。

(三)教师对体育学习过程的评价

体育学习过程评价在体育教学评价中也有着非常重要的作用和意义。教师对学习过程的评价在体育教学评价中可以说是一种最传统的评价方式。教师对学生体育学习的评价向来受到人们的重视,究其原因主要是由于最有经验的教师是评价的主体,评价对象是最能够反映教学效果的教学过程和参与其中的学生。除此之外,需要强调的是,这种评价有两种形式,一种是"教师对学生体育学习结果的成绩评定";另一种是"教师在学习过程中对学生的激励评价"。在体育学习的过程中,教师对学生有着重要的激励评价作用。

(四)学生对体育学习过程的评价

新的教育理念和新的《体育与健康课程标准》都对学生对体育学习过程进行评价的方式非常重视并且大力提倡,这种评价包含的内容主要有两个方面,一方面是对体育教学过程的评价;另一方面则是对体育教学效果的评价。同样,这种评价的形式也可以分为两种,一种是学生的自我评价;另一种则是学生之间的相互评价。这两种评价都能够对培养学生的客观评价的态度与提高自我反思能力提供一定的帮助。同时,这对于学生民主素养的形成以及正确地行使自己的民主权利,并使其在评价过程中不断提高自身观察事物和分析问题的能力也是有帮助的。但是在运用这种评价形式时应该做到从学生所处的实际年龄阶段出发,在确定评价的标准时也要做到与学生所在年龄段身心素质的发展相符。最后需要注意的是,在强调和重视学生的评价的同时,又不能完全依靠学生的评价。

(五)其他评价

其他评价,实际上就是除教师和学生以外的其他人员对体育教学的评价。其中比较常见的有国外的家长教师联合会对体育教学的评价、家长对学生体育学习的评价等。可以说,这是一种参考性与辅助性的评价。

关于体育教学评价的对象和内容的优缺点,以及当前重要性和使用频率,见表 7-1。

表 7-1   对各种体育教学评价的分析[①]

评价方式	优点	缺点	当前重要性	使用频率
教师对学习过程的评价	评价的主体是最有经验的教师,而评价的对象是生动的教学过程,评价会及时而生动	由于评价的对象是动态的过程,评价有时缺乏准确性	很重要、要更加重视的、比较主要的评价方式	每时每刻
教师对学习结果的评价	评价的主体是最有经验的教师,而评价的对象又是最反映教学效果的结果,因此,评价的准确度很高	评价缺乏即时性,也会因此缺乏生动,发现的问题已无法纠正	依然重要、依然要重视的主要评价方式	每学段、学年、学期、单元

①   毛振明.体育教学论(第二版)[M].北京:高等教育出版社,2011.

续表

评价方式	优点	缺点	当前重要性	使用频率
教师之间的相互评价	评价的主体和客体都是有经验的教师，因而，评价具有学术性和高质量。这种评价对教学经验的总结和教学的改善很有作用	这种评价不可能成为日常的评价，也不可能成为对每个学生的即时的评价	要重视的、辅助性的评价方式	每学期12次
学生的自我评价	评价来自学生对学习的"自省"，对于激发学生学习动机和培养学生的学习能力具有重要的作用	评价会因学生的自我保护意识和优点夸大意识而产生偏差	很重要、要更加重视的、比较主要的评价方式	每时每刻
学生之间的相互评价	评价来自处于同样学习目标和学习阶段的"同行者"，评价有很强的针对性和生动性，也有很强的刺激性	评价会因学生的经验不足、缺乏专业知识和对同学缺乏负责精神等产生偏差	很重要、要更加重视的、比较主要的评价方式	教师组织时间为主

四、体育教学评价的原则

在体育教学评价过程中需要遵循一定的原则，具体来说，主要包括以下几个方面。

(一)客观性原则

客观性原则是体育教学评价时需要遵循的重要原则之一。体育教学评价的目的是对学生的学与教师的教作出客观的价值判断。如果缺乏客观性则失去了其真正的意义，而最终导致错误的教学决策。因此，要求评价的各个方面都要与客观实际相符。具体来说，主要包括测量的标准、方法与评价者所持的态度，尤其是最后得出的评价结果,切忌受到主观臆断或受个人感情的影响。

需要注意的是,在体育教学评价中遵循客观性原则需要做到以下几个方面的要求。

首先,要求评价者在评价标准方面做到客观,从而使随意性得到避免。

其次,要求评价者在评价方法方面做到客观,从而使偶然性得到避免。

最后,要求评价者在评价态度方面做到客观,从而使主观性得到避免。

(二)全面性原则

对组成教学活动的各个方面做到全方位、多角度评价,从而使以偏概全、以点代面的现象得到有效避免。体育教学系统的复杂性和教学任务的多样化,往往能够从不同的侧面反映出体育教学质量,表现为一个由多因素组成的综合体。因此,这就要求必须多角度、全方位地评价教学活动。除此之外,需要强调的是,在评价过程中应善于把握主次,区分轻重,抓住主要矛盾,将决定体育教学质量的主要环节与主导因素作为关注的重点。与此同时,还要将定量评价和定性评价有机结合起来使其相互参照,从而达到全面且准确地评价客体的实际效果。

(三)科学性原则

以客观规律为主要依据,实事求是,努力实现评价方法、标准以及程序的科学化,这就是所谓的科学性原则。在进行教学评价时要将经验和直觉的影响力降到最低,正确的做法是以科学为依据。只有科学合理的评价才能将体育教学的指导作用充分发挥出来。具体来说,科学性的要求可以从两个方面得到体现,一个是评价目标和标准的科学化;另一个是评价方法和程序的科学化。

在体育教学评价中贯彻实施科学性原则需要满足以下几个方面的要求。

首先,应从教与学相统一的角度出发,以体育教学目标体系为依据,将统一合理的评价标准确定下来。

其次,要将先进的统计方法与测量手段进行推广并使用,同时,还要认真严谨地对获得的各种资料和数据进行处理。

最后,还要对编制的评价工具进行认真的预试、修订与筛选,并且要求在达到一定的指标后,才能在实践中进行广泛的运用。

(四)指导性原则

在进行体育教学评价时遵循指导性原则,实际上就是不能就事论事,而应把评价和指导有机结合起来,要使评价者对自己有全面的了解之后,能够有效指导自身以后的发展。

在体育教学评价过程中贯彻和实施指导性原则需要满足以下几个方面的要求。

首先,必须在一定数量的评价资料的基础上进行指导,从而使缺乏根据的随意评价和表态的现象得到有效避免。

其次,要做到及时反馈,指导明确,一定要使含糊其辞和耽误时机、使人无所适从的现象得到避免。

最后,要具有启发性,留给被评价者思考与发挥的余地和空间。

五、体育教学评价的特点与功能

(一)体育教学评价的特点

体育教学评价本身有着显著的特点,其在整体和其中的各个组成部分上都有所体现。

1. 体育教学评价总体上的动态性特点

在体育教学改革的不断发展中,体育教学评价对最终的结果是非常重视的，同时，对体育教学过程评价也非常重视。所有体育教学活动都是为教学目的服务的，这也是进行体育教学评价的最终目的。因此，体育教学评价的内容，不仅有对体育教学过程的评价，同时，也有对体育教学结果的评价，两者有机统一起来。具体来说，就是在评价过程中要看这一过程是否有利于达到预定的目的，能否取得良好的效果。因此，这就要求在对结果进行评价时，对取得这一结果的方式、手段与过程进行充分的考虑。

2. 体育教学评价目标的发展性特点

作为体育教学活动的出发点和落脚点，体育教学目标充分体现了体育教学主体的价值观念，因此可以说，这也是评价体育教学活动成效的基本依据。传统的体育课程评价体系是以运动技能为核心的教育价值观，对于它来说，一切体育教学活动的出发点和归宿就是对运动技能的掌握。这种认识上的误区在一定程度上影响了课堂教学训练化的结果，从而致使教师在课堂上只对运动技能的传授加以重视，而忽略了学生的健康、体育兴趣、态度、能力以及情感等其他方面的发展。当前逐步确立起以人格和谐发展为核心理念的文化价值观，渐渐发展为被全社会普遍关注的、有前景的文化价值理念。这一理念使体育教学评价的目标开始注重以人为本，在关注他们的现实表现的同时，也开始对他们未来的发展引起高度的重视，将学生的长远发展与综合素质的提高视为体育教学评价的主要目的。

3. 体育教学评价主体的多元性特点

在新课程改革的形势下，教师和学生不再处于消极的被动状态，而是均处于主动积极的参与状态，这就将其在教学评价中的主体地位充分体现了出来。把体育教学评价变为学生积极参与、自我反思和逐步发展的过程，使教师与学生之间相互理解和支持，并形成平等、积极的评价关系，对于被评价者对被评价的过程进行有效监控以及被评价者认同评价的结果都是较为有利的,并促使其不断改进,从而获得积极主动的发展。评价过程是非常重视参与互动的,通过家长积极参与到体育教学的评价中,使评价成为多主体共同参与的活动,使体育教学评价工作的效果更加显著。在体育教学评价中,只有对评价主体的多元化引起重视,才能将学生的发展状况更加全面、准确地反映出来,也才能积极促进学生综合素质的发展。

4. 体育教学评价方法的过程性特点

体育课程的改革发展在一定程度上促使体育教学评价开始对教学结果和关注教学过程引起重视。体育教学评价将对学生体育学习过程的全程跟踪与考察作为重心。教师对学生在学习过程中所表现出来的缺点进行分析,同时,进行科学的指导,对所表现出来的优点予以肯定,同时,也要为他们制定和改进计划提供一定的帮助,并督促其实施,使学生在学习过程中不断获得自我完善与自我发展。

教师要对学生学习过程中的点滴进步和变化进行密切的关注,对学生日常的学习与发展引起高度的重视,同时,还要及时给予相应的评价。不断通过口头评价的方式,及时评价学生在学习和参与体育锻炼的过程中所表现的发展状况。通过记录体育学习过程,使学生对自己的进步过程有更加详细的了解和认识,能够将自己的缺点和不足发现出来,并通过做记录的方式来使其自我评价的能力得到有效的增强。

5. 体育教学评价方法的多样性特点

在实际的体育教学中,每一种评价方法都有自己的长处和不足,其适用范围也是有一定的差异性,因此可以说,没有一种体育教学评价方法是万能的。这就要求教师在体育教学评价过程中应以实际需要为主要依据,对多种评价方法进行综合适用或采用各种方法进行综合评价,从而达到公正、客观评价的目的。如此一来,不仅能够将各种评价优势充分发挥出来,而且还能够通过互相弥补的方式改正自身的缺点,从而使学生的积极主动性得到更好的激发和发展,使体育教学评价更为公正和客观。

(二)体育教学评价的功能

1. 诊断功能

通过体育教学评价,体育教师能够对体育教学的质量进行客观、科学的鉴定,同时,也能对体育教学的成效和问题加以了解。体育教学评价就好比是体格检查,具体来说,就是对体育教学现状进行一次严谨的科学诊断。全面的评价工作不仅能对学生的成绩在多大程度上实现了教学目标进行有效的估计,而且还能为教师诊断学生学习困难的症结所在提供一定的帮助,从而达到协助学生提高学习进度的目的。

2. 导向功能

由于不同的评价标准得出的评价结果也会存在一定的差异性,由此可以看出,评价标准有着非常重要的导向作用。评价后的反馈能够积极导向体育教学的决策和改进,能够为其指明方向,获得肯定的做法,并且使其在教学中得到进一步的强化。而与此同时,被否定的做法也将会得到改变和纠正。

3. 激励功能

通过教学评价能将教师的教学效果和学生的学习成绩反映出来,从而对教师的工作热情和学生的学习动机起到积极的激励作用。科学合理的教学评价能够给教师、学生以心理上的满足和精神上的鼓舞,与此同时,还能够将师生向更高目标努力的积极性有效激发出来。如果评价较低,那么,往往能够起到催人深思,将师生奋进情绪激发起来的积极推动和促进作用。除此之外,还需要强调的是,要将教学评价的激励功能充分利用起来,尽可能从正面对学生进行鼓励,使学生的积极性受到伤害的情况得到有效避免。

4.调控功能

为教师和学生提供反馈信息使他们对教和学的情况有及时地了解,为调整教学活动的内容和形式提供依据,是体育教学评价的结果。教师可以此为依据来适当修订教学计划,使教学方法得以改进;学生则以此为依据对学习策略进行适当的调整,使学习方式有所改变。从某种意义上来说,体育教学评价对于使体育教学过程成为一个随时得到反馈和调节的可控系统,使教学活动越来越接近预期的目标是较为有利的。

第二节　信息化教学评价与传统教学评价的比较

为了培养具有处理信息能力、独立的终身学习者,要求其教学评价必须要与相关的各种教学要素相适应。因而,其必然与传统的教学评价之间有着一定的差异性,具体来说,两者的差异性主要表现在以下几个方面。

一、评价目的的对比

(一)传统教学评价目的

传统的教学评价将评价学习结果作为侧重点,从而为给学生定级或分类提供一定的便利。

一般来说,评价包含根据外部标准对某种努力的价值、重要性、优点的判断,并以这种标准为依据对学生所学到的或未学到的判断。为了评价学习结果,传统的评价往往是正规的、判断性的。

(二)信息化教学评价目的

在信息化教学中评价是基于学生表现和过程的,主要用来对学生应用知识的能力加以评价,关注的重点是在学习过程中获得了什么技能。这时的评价通常是不正规的、建议性的。

二、评价标准的制定者的对比

(一)传统教学评价标准的制定者

传统评价的标准是以教学大纲或教师、课程编制者等的意图为主要依据而制定的,因而,对团体学生的评价标准是相对固定且统一的。

(二)信息化教学评价标准的制定者

信息化教学强调学生的个别化学习,学生在如何学,学什么等方面有一定的控制权,教师则起到督促和引导的作用。鉴于此,在信息化教学中评价的标准往往是由教师和学生根据实际问题和学生先前的知识、兴趣和经验共同制定的。

三、对学习资源的关注的对比

(一)传统体育教学中的学习资源

在传统教学中学习资源往往是相对固定的教材和辅导教材,因而,往往忽视学习资源的评价,只是在教材和辅导材料等成为产品前,才有由特定学生和教师所实施的检验或实验性质的评价出现。

(二)信息化体育教学中的学习资源

在信息化教学中学习资源的来源十分广泛,特别是计算机技术在学习中的介入,更使学习资源呈现取之不尽之势。选择适合学习目标的资源不仅仅是教师的重要任务,也是学生所要获得的必备能力之一。因而,在信息化教学评价中对学习资源的评价受到更广泛的重视。

四、学生所获得的能力的对比

(一)传统教学评价中学生所获得的能力

在传统的教学评价中学生的角色是被动的,他们通过教师的评价被定级或分类,并从评价的反馈中对自己的学习是否达到预期加以认识。

(二)信息化教学评价中学生所获得的能力

在信息化社会中面对不断更新的知识,指望他人像传统教学中的教师一样适时地对自己的学习提供评价是不可能的。因而,作为一个合格的学习者需要具备自我评价的技能,培养学生的这种技能本身就是信息化教学的目标之一,同时,也是评价工作的任务之一。

五、评价与教学过程的整合性的对比

(一)传统教学评价与教学过程的整合性

在传统教学中评价往往是在教学之后进行的一种孤立的、终结性的活动,目的在于对学习结果进行判断(图 7-2)。

(二)信息化教学评价与教学过程的整合性

在信息化教学中培养自我评价的能力和技术本身就是教学的目标之一,评价能够积极指导学习方向、在教学过程中给予鼓励的作用,正是由于有了评价的参与,学生才有可能达到预期的学习结果。因此,评价是镶嵌在真实任务之中的,评价的出现是自然而然的,是一个进行之中的、嵌入的过程,是整个学习不可分割的一部分(图 7-3)。

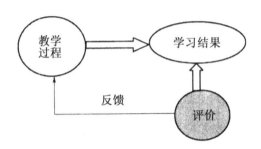

图 7-2 传统教学评价与教学过程

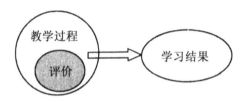

图 7-3 信息化教学评价与教学过程

六、其他方面的对比

除了上述几个方面存在着差别之外,传统评价与信息化评价在评价内容、方法、主体、标准、功能、过程和效果等各方面也存在着差异,具体如表 7-2 所示。

表 7-2 传统评价与信息化评价的比较

类型	传统评价	信息化评价
评价内容	片面、记忆为主	全面、创造性
评价方法	定量	定性、定量相结合
评价主体	被动	互动
评价标准	单一	多层面、多角度

类型	传统评价	信息化评价
评价功能	选拔和水平评价	发展、选拔和水平评价
评价过程	封闭、片面	开放、多面
评价效果	奖优罚劣	指导、促进全面发展

第三节　传统体育教学评价手段的应用

在传统体育教学评价中可以采用的方法有很多,其中观察法、问卷法以及测验法是应用较为广泛的几种,这些方法都有着各自的特点和适用范围。这就要求要以实际情况和需要为依据进行有针对性的选择和运用,通常将这几种方法进行综合运用往往能够取得理想的评价效果。

一、观察法

所谓的观察法,就是评价者有目的、有计划地通过对体育教学评价对象的活动所进行的系统、深入的教育观察,以搜集评价资料的一种方法。

通过这一方法的运用,其他方法很难得到的很有价值的第一手资料都能够有效获得。如在体育课堂教学评价中必须深入课堂、进行实地观察,这样才能对师生活动、教学的气氛、教师的示范等指标有进一步的了解和认识,为做出中肯评价提供可靠依据,否则,最终的教学效果会欠佳。

可以说,在体育教学评价中观察法的作用和意义是非常重要的。一方面,其是获取信息的重要方法;另一方面,其是搜集学生、教师个体心理活动状态资料的重要途径。除此之外,观察法的一些重要性是其他间接方法无法比拟的,其主要在学生体育素质评价及教师教学评价中能够直接观察搜集资料上得到体现。因此,受到评价者的高度重视。

二、问卷法

所谓的问卷法,就是教育评价主评人员通过书面形式将经过严格设计的问题向被调查者提出,同时,对被调查者提出回答问卷的要求,从而获取评价信息的方法。

这一方法在体育教学评价中有着较为广泛的应用。由于问卷法的调查形式是书面形式,因此,其自身诸多鲜明的特点是其他方法所不能比拟的。正因为如此,问卷法才成为体育教学评价的重要方法之一。除此之外,还需要强调的是,其在编制和实施等方面的要求是非常严格的。

问卷法有着较为显著的特点,主要表现在三个方面:第一,是具有参加人员的隐蔽性。能够有效保证调查的真实性和客观性。第二,是问卷发放具有取样的广泛性。这对于收集信息效率的提高,信息有效性和可靠性的保证是较为有利的。第三,具有时间范围的可调节性。

三、测验法

通过考试、技评和达标等形式收集学生的体育学习反应、学习行为的综合结果的重要手段,就是所谓的测验法。可以说,测验法是有组织、有计划、针对性较强、定量化获取体育教学信息的工具与途径。

在体育教学评价中应用测验法主要体现在以下几个方面。

(一)关于体育理论知识的测验

在体育教学中学生要学习的内容有很多,其中体育文化知识、运动技术原理、体育技术、竞赛规则、生理卫生保健知识等是较为主要的几个方面。要对体育理论知识进行测验需要把握其重点,具体来说,就是全面、系统、综合性的检查和评定学生所学的基础知识和灵活运用这些基础知识的能力。通常情况下,较为常用的测试方式主要有笔试或口试等。

(二)关于身体素质的测验

人体在运动中所表现出的力量、速度、耐力、柔韧及灵敏等方面的机能能力,就是所谓的身体素质。在体育教学中进行身体素质的测验是非常重要且非常有意义的事情。具体来说,其重要性主要表现为:通过测验,对学生的身体素质状况有一定的了解,然后将这些信息反馈于体育教学,从而为教学的改进提供科学的依据。一般情况下,其为客观测验。

(三)关于运动技术的测验

对于所有的运动来说都有其专项技术。这就要求学生对这些专项技术进行熟练掌握,然后在此基础上进行运动,从而将其机能水平和运动水平有效地展示出来。

从某种意义上来说,以技术动作规格为主要依据对学生所学习的技术动作的情况做客观的测评,这就是运动技术的测验。对运动技术的测评通常可以分为两种,一种是多以测量中获取的客观数据为准的客观测验(达标测验);另一种是多为对技术动作质量的技术评定。

(四)关于体育情感行为测验

情感行为包含着非常丰富的内容,人的兴趣、动机、情趣、态度、价值观,以及个性和群体行为特征等都是其中非常重要的方面。人的情感行为也在一定程度上对体育教学产生影响,而体育活动也对人的情感行为发生变化起到一定的作用。通常情况下,情感行为的测量工具为量表。

第四节　信息化教学评价的内容与方法

由于传统的教学评价工具大家比较熟悉,下面将重点介绍与新的评价理念相适应的几种评价工具和方法。

一、档案袋评价

档案袋的英文是"Portfolio",其语义有"代表作选辑"。最开始的时候,往往是由画家及摄影家把自己有代表性的作品汇集起来向预期的委托人展示。后来在教育中得以应用,主要用于汇集学生作品的样本和内容,展示学生的学习和进步状况。

档案袋中可以包含各种形式的学习材料,录像带、文章、图画、获奖证书等都属于这一范畴。一般来说,一个典型档案袋的基本结构主要包括三个部分:观察的信息资料群、作业实绩的标本群和考试信息群。信息资料群主要指由观察来收集学生每天的学习情况,一般由教师来收集。

通常情况下,典型的档案袋中往往包括三个记录观察信息的文件:观察记录手册、调查表和师生交谈记录;作业实绩的标本群包括作业、教师自做的小问题和试题、学生伙伴间制作的课题、小组作业和学习反省日记等;考试信息群包括三个方面:简单的评价课题、比较大的场面课题及长期的评价课题。

二、研讨式评定

通过学生的"参与"和"课堂讨论"中的表现作为学生评定的一个部分。这种评定方法往往是从大教育家苏格拉底的教育理念中发源而来的,让学生学会更有效地思考并为自己的见解提出证据是其根本目的所在。

这种问题研讨可以采用不同的方式来实施,既可以把它作为毕业学业的展示,也可以作为课堂评价的一部分,还可以当作结业作业的展示。无论什么方式,都需要一个巧妙的问题设计,一套配套的评价准则和评判规则。该评定方法对教师的要求非常高,对教师提出的引导的问题有很高的难度要求。

从当前的形势来看,这种评定主要适用于对学业成绩的评定,并且还处于引进摸索阶段,但对于学生能力发展的评定有可借鉴之处。

三、学生表现展示型评定

表现展示评定通过学生实际演示某些结果来对其是有价值的加以说明,并由此来对学生已经掌握了这些结果加以证明。一般来说,展示的内容可以是一次科学试验,也可以是一次科学展示会,还可以是一次活动或是一次表演,或是一次论文和方案设计展示。

在这种评价方式中通过详细的评分规则提供了让学生成为自我评价者的机会,并为师生之间就学生的学业成就和进步情况开展对话打出了一条通道。与此同时,这种评价方式也是以关注结果开始,学生在一开始就明确自己的任务。

四、概念地图评价

概念地图是思维可视化的绝佳认知工具和评价工具。作为评价工具,概念地图能够为单元或某一知识领域的知识结构提供一定的便利。学生可以沿着空间或时间维度创建概念地图,以此来对概念间的关系加以识别、澄清和标识。

在实际应用中,教师可以和学生在进行"头脑风暴"的基础上共同"织"就概念地图,也可以让学生凭借自己的回忆和理解就某一知识单元或某一主题自己"织"就概念地图。这一显示主题和有关子主题的"网"对于学习活动的进行和评价有重要的意义,对于学生以具体和有意义的方式表征概念有积极帮助,能够对思维外化和学习反思起到积极的促进作用。除此之外,教师还可以将学生所绘制的概念地图与理想的概念地图进行比较,从中不但能发现学生理解上的问题所在,还可以发现学生的学习风格和思维习惯。

五、量规

目前比较普遍使用的一种评价工具就是量规。这种评价工具是从"任务驱动"的学习活动的结果等多种形式中发源而来的,较为典型的有电子作品、调查报告、观察心得、真实作品等。这就要求评价工具不但要关注学习过程,还要具有操作性好、准确度高、能够比较全面地评价学生的学习过程和学习成果等特点,而设计良好的量规则可以达到上述要求。

在设计量规时需要对以下几个方面的事项加以注意。

(1)要以教学目标和学生的水平为主要依据来设计评价指标。教学目标不同,量规的指标体现也要有所差别。例如,在评价学生的电子作品时,通常从作品的选题、内容、组织、技术、资源利用率等方面考虑。评价学生的课堂参与性时,又会从学生的出勤率、课堂回答问题情况、小组合作情况等方面考虑。

(2)要以教学目标的侧重点为依据来将各指标体系的权重确定下来。指标体系权重的设计与教学目标有直接的关系。以电子作品的评价为例,如果教师的主要目的是教会学生制作电子作品,那么,技术、资源利用指标的分值应高些;如果教师的主要目的是让学生通过作品展示自己的调查报告,那么,作品的选题、内容组织等指标的分值应高些。

(3)用具体的可操作的描述语言对量规中的每一部分做清楚的讲解和说明。在对量规的各指标进行解释时,应使用具体的、可操作性的描述语言,从而使使用抽象的、概念性的语言得到有效避免。

第五节 信息化时代体育教学评价的发展

一、信息化时代体育教学评价的发展趋势

作为教学管理的重要手段,体育教学评价受到的重视程度越来越高,并且呈现出较为显著的发展趋势。具体来说,信息化时代体育教学评价的发展趋势主要有以下几个方面。

(一)以激励为主,保证评价的科学性

当前学生厌倦体育课已经成为一种较为普遍的现象。一般来说,青少年对体育运动的态度应该是积极的、喜爱的,但是随着年级的增长,由于体育教学中教学目标不合理、教法不当、教材内容安排不科学等问题不断出现,这就导致他们对体育课的热爱程度逐渐减弱,并且厌倦情绪与日俱增。其中教学中错误地运用了统一教育评价标准,是导致这一现象的主要原因。先天条件的差异,使条件好的不用努力就能够取得好的成绩,而条件差的学生加大锻炼的时间和强度,取得的效果也往往不理想,这就会对学生参与体育锻炼的积极性受到影响,这也是非常常见的原因。鉴于此,实施个体化相对评价就成为一种必然。通过评价结果的反馈来进一步激励学生,使学生在教育环境中得到进一步的成长与进步,并且是学生对自己的进步有一定的了解和掌握。

(二)评价内容得到进一步扩展

进行教育评价的主要功能是为教育目标服务。将教育目标明确下来之后,就需要确定下评价的内容了。目前不同学校的体育教学目标是多种多样的,这在整个学术界和教育界已经被认同。

因此,这就要求体育教学评价内容也逐渐趋向于多元化。具体来说,其已经不单单是技术技能考评或健康测验,不仅包含着新课标所规定的五个学习领域的目标内容,而且心理情感态度的评价也受到了一定的重视。

(三)评价理念逐渐更新

在体育教学中建立的评价理念是科学的、与素质教育相符的。除此之外,还要将学校体育在素质教育的地位、作用确定下来,并且将学校体育的具体培养目标明确下来,从而使评价目标与教育目标达到一致,并将其作为设计体育教学评价指标体系的主要依据。另外,还要使评价指标的科学化、评价办法的可操作性得到有效保证,进而将评价体系的正确导向作用充分发挥出来。

还需要注意的是,要对以下观点有一个正确且清晰的认识,具体来说,就是素质教育并不是取消考试,体育课也不能变成"练练玩玩"而已,而是要从根本上将全新的体育教育评价指导思想树立起来。正确的做法为:一方面,是用多角度多方法的综合质量评价取代单一的评价视角;另一方面,则是使考评的选拔功能进一步淡化,而使全面教育、检验、反馈、激励的综合功能得到强化。

(四)评价方式的运用呈现出综合性特点

体育教学评价的这一发展趋势主要表现在以下几个方面。

1. 定量评价与定性评价的结合

在体育教育中运用定量评价方法往往能够取得理想的效果,主要表现为能够有效增强评价的科学性,使过去单一的定性评价得到改变,因此,这也是其获得重要地位的原因所在。但是需要强调的是,体育教育是极为复杂的,有它自身的特殊性,同时,也存在着大量的人文因素,而这些因素的评价是无法运用定量评价进行评定的。如心理因素指标特别是素质教育的提出，对人才的全面性提出了更高的要求：不仅要使学生身体素质得到发展、增强体质，还要将其健全的人格、良好的心理品质作为重点。因此，这就要求将定量评价与定性评价结合起来使用，从而保证评价的准确性和科学性。

2. 形成性评价、诊断性评价和终结性评价的综合运用

形成性评价的作用主要表现为：在体育教学工作中及时发现和诊断问题，同时，及时获取反馈信息，改进体育教学工作；诊断性评价的作用主要表现为：对学生在学习某一教材的准备状态进行诊断；对某一阶段的教学工作进行的综合全面评价，从而将教学的最终水平确定下来的方法，就是终结性评价，这也是其主要作用。由此可以看出，每一种评价方式都有其各自的特点和作用，因此，将这三个方面有机集合起来进行运用，能够起到使整个评价活动始终处于不断上升的动态之中的重要作用。对于之前的体育教学评价活动来说，对终结性评价通常是非常重视的，其主要原因在于这种方法是在单元或阶段学习结束时进行的，因而，就会使得评价的有效反馈功能丧失。要想改善这种情况，就必须采取诊断性、形成性和终结性评价相结合的评价方法，使单纯采用终结性评价的方式得到一定的改变，可以说，这是非常正确且有效的方法。

3. 自我评价与他人评价的结合

对于传统的教育评价来说，往往比较重视对他人评价的形式，而将教师和学生的自我评价忽视掉了。在对教师的评价中，任课教师的自我评价是比较缺少的一项重要内容，究其原因主要在于任课教师长期工作在教学第一线，相较于其他工作人员来说，他们对教学活动的具体情况和教学质量的优劣情况是最了解的。但是在教学评价过程中，仅仅依靠教师的自我评价是不可能完成教学评价这一重要工作的，究其原因主要是由于任课教师往

往会存在评价的心理压力以及主观因素,这种心态会导致其对自身的评价欠缺不同程度的客观性和准确性,从而对自己的教学工作进行过高的评价,评价的客观性会有所欠缺。由此可以得知,他评也是体育教学中必须要采用的重要方法。将他评与自评有机结合起来,才能得出正确的评价结论。

另外,作为教学目标的实践者,学生要想准确评价体育教学,亲身体验是必不可少的。尤其是情感、意志、态度、兴趣等无法用定量表现的内容,只有通过自我评价才能获得真实的材料。自我评价对于学生来说是非常重要的,对于一个善于运用自我评价的学生来说,根据教学目标随时对自己进行评价,从而使自己始终保持在教学目标指引下朝着教学目标的方向进行学习,这能够为学生的体育学习的积极性和主动性起到一定的帮助和促进作用。还要求学生将自我评价的目标建立起来,具体来说,就是与教师的教学目标相结合来将自己的学习目标科学、准确地制定出来,从而更好地进行自我评价。这种评价方式与学校贯彻终身体育思想相符,还对学生养成正确评价自我的能力较为有利,这也是其能够在体育教学评价中加以运用的重要原因之一。

二、信息化时代体育教学评价的改革与发展

在信息化时代,体育教学评价标准会直接影响体育教师的上课内容。要完善体育教学评价,改革是必需的,同时,还要从以体育成绩来衡量体育教学入手加以改革,对从目前的基础上提高的幅度引起重视。

(一)做好评价体制改革,对学生进行全方位的评价

在传统教学模式中评价是教师的"专利",而学生往往处于被评价的被动地位,忽视了学生也有评价的权利。作为主导者,教师需要对学生的身体素质基础、运动能力状况等进行充分了解,以学生的学习、锻炼表现为主要依据进行多种针对性的评价活

动,从而充分调动学生的积极性,使课堂目标尽快得以实现。

随着"水平目标"的设立,教师每个阶段的教学任务都会有一定程度的变化,鉴于此,教学的内容选择、方式、方法的应用等方面也都会相应地有一定的多样化发展。因此,这就要求在体育与健康课中设置评价内容时首先要将应遵循的各个领域的依据确定下来,主要表现在五个方面,即身体健康、心理健康、运动技能、运动参与和社会适应。从而使评价的客观性和科学性得到有力保证。

(二)通过"学习小组"的形式来有效增强学生协作能力

以"学习小组"为被评价单位对于很多项目都是适用的,其中队形队列练习、广播操、小组赛(排球、篮球、足球等)、各种距离的接力赛等是较为适用的项目内容。对"学习小组"进行评价,主要是为了使小组内成员的合作、协作关系得到进一步的促进和改善,同时,也使学生的社会适应能力得到有效的增强。

由于小组内成员的成绩是一致的,其中一个人的表现往往会在一定程度上影响整个小组的成绩,由此可以推断,个别学生不认真、不积极地进行学习,那么,这种不良的影响就会在整个小组中产生。为了避免这种情况的发生,小组内的其他成员就会自觉地监督他,将改善其不良影响作为一个目标,从而形成一个正确、积极向上的班级学习氛围,这对于学生集体的学习积极性的提高和协作能力的提高都是较为有利的。

(三)学生评价标准由单一的向综合的转变

在体育教学中一部分学生的先天条件比较好,不用积极进行锻炼就能够在体育测试中取得理想的成绩,这种现象是较为常见的。但是这种现象会对一些先天条件较差而积极进行体育锻炼的学生造成一定的影响。因此,这就要求一定要通过一定的方式和途径来使以往以单一的锻炼为评价标准的情况得到改变,这是非常重要且必要的。在确定体育课的成绩时应该进行综合的考虑,仅仅以锻炼标准为唯一的评价标准是不科学的,正确的做法是应该根据课程改革评价精神,对新颁布的学生体质健康标准进行充分的运用。这不仅能够作为测量学生体质强弱的一个标准,而且还能够作为学生进步度的一个参照。

(四)积极有效开发体育课特有的教学环境资源

相较于其他学科来说,体育课存在着较为显著的弱势,导致这种弱势的原因是多方面的。但是也不能忽视的是,体育课也存在着一定的优势,就是其有得天独厚的课程资源优势来应对课程改革。课程改革提出的要求主要表现为提高学生的社会适应能力、相互协作、人际交往能力。

这里需要强调的是,对于体育课来说,教学的环境、教学的载体是多样化的,甚至可以与其他年级的体育教师合作,从而使学生的社会适应能力、相互协作、人际交往能力等都得到有效的提高,进而使学生学会走出自我,积极参与到其他各类体育活动中。与此同时,还能够使学生学会从他人处获取健身知识,学会以"体育运动"为载体来进一步提高自身的人际交往能力。

(五)综合运用评价方法来使学生学习积极性得到有效提升

体育教学评价是在不断的发展中逐步改进和完善的。之前体育教学评价注重的非常片面,通常只是对学生学习结果进行评价,学生各项运动的最终成绩是其关注的主要方面,这就使得对学生学习过程的评价被忽略掉。这种片面的评价方式往往会导致无法有效发挥出评价的有效反馈功能的情况发生,进而也就使得其在其他方面的意义显得不理想。

现在不仅要调整评价内容,而且还在平时的评价中直接评价学生的"练习过程"。这样不仅能够使得绝大部分的学生对待整个练习过程的态度有所改善,更加认真和积极,而且还能使部分学生依靠先天身体素质而不积极练习的现象得到有效避免。除此之外,其也能够对那些由于先天身体素质不好却很努力练习的学生进行积极的鼓励。

第八章　信息化时代信息技术与体育课程的整合与发展探索

随着信息技术在体育教学中的广泛运用,信息化教育教学平台逐步形成,体育教师必须抓住机遇,不断夯实教学基本功,学习和掌握现代教育技术,加强现代信息技术与体育课程的整合,以此来激发学生学习兴趣、培养学生创新精神与实践能力。本章主要就信息化时代信息技术与体育课程的整合与发展进行研究,主要内容包括当前体育课程设置与发展现状;信息技术与体育课程整合的概念与原则、模式及注意事项。

第一节　当前体育课程设置与发展现状

一、体育课程设置与实施概述

(一)体育课程设置的学科基础

1. 体育课程设置的心理学基础

(1)身体认知是学生特殊的认知领域

体育课程教学中学生通过练习运动技术或技能,能够产生丰富的身体体验,从而进一步认识自我。可见,运动技术是人在从事以运动项目为中心的身体练习过程中,在自身内部之间和自体与客体之间的相互关系中通过综合体验所获得的身体认知。① 因此,不仅体育理论知识属于人类知识,能够使学生获得特殊的身体认知的体育运动技术也属于知识的范畴。

(2)体育课程对促进非智力因素的作用

学生在体育学习过程中不但可以获得身体认知,还能够产生一定的情绪与情感体验,这些方面的体验对于个体非智力因素的发展具有一定的积极促进作用。体育课程内容丰富多彩,学生在学习过程中能够受到多方面的刺激,从而在形成身体认知的同时获得一定的情感体验;体育课程教学中各种角色的变换符合社会实践中角色的个性化要求,所以,学生在获得情感体验的同时,非智力因素(态度、情感、价值观和意志等)都会得到不同程度的发挥。充分结合智力因素与非智力因素来促进学生的全面发展,有利于在体育课程改革中进一步深入对人本主义思想的贯彻。

2. 体育课程设置的社会学基础

作为社会文化的重要组成部分,体育课程自然会受社会政治、经济等因素的影响,但同时也会反作用于社会的发展,主要表现在对体育文化的保存、传递和重建方面。通过参与体育运动人们获得健康的身体,从而更有激情地投入生活与工作中。体育的法规和规则对人们的行为有约束力,促使人们对社会规章制度、道德规范严格遵守。可以说,体育运动是一个社会角色演练场所,而且该场所的团体性极强,个体在这一场所中对各种角色的变化深入感受,有利于在社会环境的变化中更快地适应一些角色。因此,体育课程教学对于推动学生的社会化具有非常重要的影响。

3. 体育课程设置的教育学基础

作为学校教育和国民教育的重要组成部分,体育与德育、智

---

① 潘绍伟,于可红.学校体育学[M].2版.北京:高等教育出版社,2008.

育密切结合,肩负着重大的历史使命,即为社会培养全面发展的人才,该使命的完成有利于推动社会精神文明建设。

体育的功能及社会对体育的要求直接决定了体育在国民教育中的地位。在人的社会化过程中,体育所发挥的作用非常重要,如在儿童时期参与体育游戏扮演不同的游戏角色,有助于更快地适应生活。在传递和重建体育文化的过程中,体育同样发挥着重要的作用。体育规范、规则对人们的行为构成约束,促使人们按照一定的准则养成良好的行为习惯,并进一步促进人们健康生活方式的形成。

(二)体育课程的实施理论及过程

1. 体育课程实施的概念

体育课程实施是以体育课程的性质、目标、内容框架、教学原则、评价建议等为依据,将所用教材的体系结构、内容材料、呈现方式等作为参照,从学校的设备、资源、环境等条件,体育教师的教学能力、风格、经验,学生的兴趣、学习水平及习惯等出发,有目的、有计划、有组织地实践显现体育课程本质、体现体育课程价值、实现体育课程目标的过程。[①]

实施体育课程标准,主要就是体育教师在体育教学中充分且创造性地运用有效且广泛传播的计划。从体育课程实施的概念来看,这是一个不断发现问题、解决问题以及不断改革与创新的过程,学校领导、体育教师、学生、家长、体教部门、社会等要素在这一过程中都有涉及。通过实施体育课程,试图使人们对体育的知识、行为和态度发生积极的转变。

2. 体育课程实施的本质

体育课程实施包括三个具体的环节,即体育课程采用、体育

---

① 潘绍伟,于可红.学校体育学[M].2版.北京:高等教育出版社,2008.

课程调适及体育课程应用。体育课程实施具有一定的整体性、复杂性、系统性特征，而且这一过程中不确定和不可预期的因素也有很多，因而，也有一定的不确定性及不可预期性特点。体育课程实施的价值取向、教育行政部门的保障、体育教师的业务素质、新课程改革与原有课程要素的冲突等，共同促进了体育课程实施的复杂性特征的形成。从课程目标角度来看，体育课程实施就是在复杂的过程中达到一种平衡状态，对影响体育课程实施的因素进行系统考虑，从而促进最大功效的实现。从操作角度来看，体育课程实施是一个再创造过程，包含采纳、调适和应用三个环节。从效果的角度来看，体育课程实施是改革体育课程并落实改革理想的过程。

下面主要对体育课程实施的本质特性进行分析。

（1）现实情境性

现实情境性是体育课程实施的现实性的集中体现。体育课程实施是在一定的具体现实条件下进行的，以现实情境为基本出发点，从而对一切体育课程资源进行充分开发和利用，并探索体育课程改革的策略。"具体的体育课程历史条件"是体育课程发展的"现实性"的主要表现。只有将体育课程改革落实到学校这一基本单位，才可以密切联系学生实际，倘若体育课程改革脱离学校实际，那么，真实的课程实施就不会存在。

（2）适应性

体育课程实施是教师以实际情况为根据，科学调适体育课程目标、内容和方法的一系列过程。对于体育课程实施的情境因素及实施过程中的具体问题，体育教师是最了解的。倘若体育教师缺乏对体育课程实施的兴趣，担心新体育课程实施会使自身原有的教学优势受到影响或威胁，那么，对于体育课程实施这一过程，其不会主动参与，也不可能对体育课程资源进行有效利用，因而，科学的体育课程实施方案也就难以制定。

（3）创造性

体育课程实施过程体现了对各种体育要素的再创造，作为体育课程课堂教学中的决策者,体育教师是设计与开发"实际课程"的主体。体育教师对体育课程实施的再创造包括确定体育课程的具体目标,选择、增删体育课程内容,微调体育课程时间,变革教学行为等。对于体育课程的再创造,体育教师主要是从"教学法"的角度着手的,而非从"课程"入手(课程专家以"课程"为切入点)。因此,本质上而言,体育教师的课程实施过程就是创造体育教学新文化的过程,即重构体育课程教学体系的过程。从这一角度来看,课程实施的关键在于提高体育教师的专业素养,促进学生的专业化发展。

3. 体育课程实施的取向

(1)忠实取向

体育课程实施过程是忠实地对体育课程方案加以执行的过程,这便是体育课程实施的忠实取向。对体育课程实施的成功与否进行衡量的基本标准是预期体育课程方案的实现程度。如果预期体育课程方案的实现程度比较高,那么,体育课程实施则较为成功。反之,体育课程的实施是失败的。

需要注意的是,体育课程实施坚持忠实取向,并不意味着要死板地、按部就班地实施,而是要注重创造性地实施,并适度变革体育课程方案。

(2)相互适应取向

体育课程方案的使用者与学校情境之间保持相互适应的关系,就是体育课程实施的相互适应取向。坚持这一取向就要以学校或班级实际情境为依据来调整与改革体育课程方案,科学确立课程目标,合理选用课程内容、方法及组织形式。对相互适应取向的坚持要求在适应具体实践情境和学生特点的基础上调整体育课程计划,以体育课程实际情境为依据对体育课程计划进行修改。

从相互适应的角度来看,本质上可以将体育课程实施理解为"协调中的变革",体育课程实施针对的不仅仅是一个事件,而且还是一个过程,实施者就在这一过程中修订与变革课程方案。

（3）创生取向

体育课程实施过程是体育教师与学生在具体情境中对新的体育经验进行共同创造的过程,这便是体育课程实施的创生取向。在共同创造的过程中体育教师和学生进行或实现"再造",要以原来设计好的体育课程方案为材料或背景,原有的方案这时是作为一种体育课程资源出现的,借助这一资源体育教师和学生不断促进课程方案的改革和发展。随着体育教师专业素养的提高和学生的不断进步,体育课程也会得到一定的发展。

4. 体育课程实施的过程

体育课程实施包括以下三个阶段。

（1）起始阶段

起始阶段主要是对体育课程实施的步骤进行设计,并使学校接受设计好的实施计划。谁来参与、希望得到什么程度的支持、为体育课程改革做了哪些方面的准备等,是起始阶段的计划中必须包括的几部分内容。

（2）实施阶段

实施阶段主要是介绍并说明体育课程改革的基本问题,人们在体育课堂或其他教育场所实施体育课程改革也属于实施阶段的内容。实施阶段是展开具体行动的阶段,各种模式和方法在这一阶段都会被付诸实践。编制体育课程主要是为了促进学生的变化,使学生达到学校和社会对其提出的要求,从而促进体育课程目标的达成。

体育课程实施给现实带来期望的变化后会有什么结果、什么原因引起变化、这些变化的结果是否可以预见、体育教师能否对这些变化进行控制等,是实施阶段需重点考虑的问题。

（3）维持阶段

维持阶段是对体育课程改革进行控制的关键阶段。如果这一阶段的工作没有计划好,很有可能会使体育课程改革走向衰落直至完全停止,那么,就无法实现体育课程改革的制度化目标了。在体育教学过程中,体育课程的改革可能会被体育教师忽略,或者某些课程内容会被体育教师主观改变,这样改革后的新课程难以达到预期的效果。

5. 体育课程标准的实施

(1)正确处理体育课程实施与计划的关系

①制订合适的实施计划

切实可行的体育课程计划是确保体育课程成功实施的基础与前提。在对体育课程进行规划的过程中,要考虑实施计划性行动所需要的各种资源,要对能够指导有计划的行动的管理政策进行科学制定或明确确定。

体育课程实施首先必须制订体育课程计划,体育课程计划重点包括三个要素,即人员、计划和过程。

体育课程实施过程中应为体育教师提供充足的时间,使其能够对新课程进行分阶段的实践并逐步适应新课程的要求。同时,体育教师也要在这些时间里对新教科书逐步适应,从而为体育课程实施打好基础。刚开始着手课程实施时,体育教师可能会不适应新体育课程:他们按照体育课程实施计划按部就班地进行,基本上没有任何创新,不对体育课程做创造性的改革。但当他们对新体育课程逐渐适应了,就会开始根据实际需要来调整体育课程,从而使学生的多元需要得到更好的满足。

②开展交流

新的学校体育系统和环境是体育课程实施的基本条件,只有具备这一条件,才能将体育课程实施和学校实际情况有机结合起来。为此,需要采取新的方法使体育教师和体育课程编制人员参与“体育课程标准和实施计划”。

要想使体育课程顺利实施并取得成功,就需要体育教师、校长和体育课程工作者进行密切交流与沟通。体育课程实施者要激发体育教师的兴趣,使其积极参与实验性学习活动,实施者还要创造开放和信任的环境,以便使体育教师在参与过程中意识到自己的努力与付出是有价值有意义的,从而更加积极地投入相关工作中。体育教师需要一定的时间来尝试对新计划的实施,对新目标的思考,对新内容的考虑,并尝试完成新的任务。

体育课程实施离不开信息交流,即个人或群体之间就体育课程改革的事实发表自己的观点、感受和态度。简单而言,信息交流过程就是信息发送者和接收者之间的信息互通过程。为了创造良好的信息传播环境,体育课程专家必须对学校体育系统中正规与非正规的信息交流渠道进行调查,并形成系统的认知。运用正规交流渠道时需要各个层次的组织与安排,各层组织和各级人员要从横向与纵向同时展开信息交流,有效的信息交流有利于体育课程目标的实现。

在开展交流的过程中,学校领导应做好以下几点工作。

第一,与体育教师进行交谈。学校领导应深入体育教师群体,对体育教师的想法充分了解,对体育教师提出的有效意见或传达的有效信息广泛接纳。

第二,实行开门政策。如果学校领导能够经常性地组织自下而上的交流活动,那么,体育教师在提出一些意见或建议时就会感到轻松,几乎没有压力感。

第三,进行态度调查。体育教师只有意识并认识到自己的付出所带来的价值,才能更好地参与体育课程实施。所以,学校领导要时常关注体育教师的工作态度,并对其所知所感、价值观加以了解,清楚他们愿意在哪些体育课程工作中做出贡献。

第四,自由交换意见。学校领导要通过组织谈话和会议来对相关信息进行传播,确保各种信息渠道的畅通,从而使信息广泛传播。

此外,体育课程领导者应鼓励对有效信息交流渠道的开通。无论是正规的信息交流工作还是非正规的,无论信息交流是横向的还是纵向的,是自上而下还是自下而上的,都是通过口头或书面的形式来传播信息。体育课程改革中一般可以通过文章、书信、布告、书籍、演讲、研究报告等途径来传播相关信息资料。当然,传真和电子邮件在快速传输信息方面发挥着至关重要的作用,也应得到课程实施者的重视。

如果交流和传播信息是以面对面的形式进行,那么,信息接收者的反馈信息就能够及时被信息传送者接收,这对于促进双方的及时交流与沟通更有帮助。在非语言性的信息传播环境中,可以通过人与人之间的相互影响来传递与接收信息,从人的面部表情、肢体语言及语气中也能够获得许多信息。

③提供支持

体育课程实施过程中,实施者要从多个方面来支持体育教师,从而促进实施效果的提高。具体支持途径如下。

第一,开展在职培训,提供充分的适应新课程的时间是体育教师在体育课程实施中的基本要求。实施者必须灵活制订在职培训计划,以便后期以体育教师需求的变化为依据及时调整原计划。

第二,体育课程实施者要鼓励体育教师将自己不同的甚至是反对的意见表达出来,并鼓励体育教师将自己关注的焦点问题大胆地提出来。

第三,在体育课程的改革与实施过程中需要投入一定的资金,这样才能为获取新体育课程所需的资料、器材设备等提供基本的保障。

第四,在学校各相关人员间建立信任关系,特别要重视对教育行政部门、学校领导和体育教师之间的信任关系的建立。学校领导应掌握一些有关体育课程的知识,并亲自加入体育课程的实施过程中,从而对体育教师的工作给予鼓励与支持,共同推动体育课程的变革。

第五,只有各方面的人员都付诸行动,共同努力,才能使体育课程的实施取得成功,而且有关人员之间必须相互支持,相互合作。因此,学校应为教师之间的相互交流提供有利的机会,使他们共同解决问题,共同构建新的课程。

（2）提高人们的参与积极性

①掌握体育课程改革的良好时机

体育课程实施过程中各环节之间相互联系，相互影响，相互作用。制订体育课程计划的人员不仅要对"是什么"的问题进行明确，还要对"什么是合适的"这一问题进行考虑。体育课程设计、发展、实施和评价等活动都需要体育教师与学生的共同参与，这是体育课程实施中强调的重点。

②依靠全体参与者共同协作

在体育课程编制与实施过程中，相关领导者应意识到人所发挥的重要价值，应将人与人之间的协作关系重视起来，鼓励相关成员之间进行合作与交流。

新的体育课程的实施离不开所有体育教师的共同支持和参与，因此，领导者应加强对体育教师的引导，使教师能够接受新鲜事物，对新的领域勇于开拓与创新，使其全身心致力于体育课程的改革浪潮中。领导者还应引导体育教师对体育课程变革形成准确的认识，鼓励体育教师参与制订课程计划的工作，确保新课程更好地适应体育教师的教学水平。

③正确对待不同的观点

在体育课程的改革过程中，首先要注重体育教师个体的改变，课程改革可以说是体育教师及相关人员的经验活动，因此，在课程改革与实施过程中必须允许体育教师展现自己的个性特点。在课程改革中可能会有人持反对意见，对此，相关领导者应事先做好处理可能遇到问题的准备，并提前计划好问题的解决方案。为了更好地处理改革中遇到的问题，领导者应明确以下几方面的问题。

首先，人们如何看待课程改革；对于课程改革，人们存在哪些疑虑。

其次，导致矛盾产生的导火线是什么。

最后，对于一些人的焦虑情绪应该采取什么方法来安抚。

④以发展的眼光进行体育课程改革

任何新事物都是在特定的时代与环境中产生的,新体育课程也是如此。随着时代的变迁和环境的变化,需要对体育课程进行相应的修改,或者对新的体育课程进行设置,从而使其符合新时代与新环境的发展要求。事物处于不断变化和发展的状态中,体育课程也是如此,只有对其不断进行检查与评价,才能对该课程是否能够继续存在与发展而做出准确判断。

二、当前体育课程设置的现状调查

为了解当前我国学校体育课程设置的情况,特随机抽查106所高校作为调查对象,最后回收101份有效调查问卷。下面专门就我国高校的体育课程设置情况及调查结果进行分析。

长期以来我国高校体育课程设置和教学内容基本上和中学没有明显的不同,高校体育的内涵、丰富的体育项目及提高大学生的拓展、社会适应能力的目标等在高校体育课程中体现得并不明显与充分。而且还存在对不同运动基础的学生传授同样教学内容,在同一学生的不同发展时期教授同一运动项目的问题,这对大学生参与体育活动的积极性造成了严重的影响。此外,当前高校设置的体育课程目标局限于增强学生的体质,忽略了对学生终身体育理念的培养,虽然各高校体育课程设置得丰富多彩,但除少数以俱乐部形式开展外,多数课程仍是原高校体育教学指导纲要规定的课程。真正意义上对体育课程的重新定位还没有实现。

下面具体来分析本次调查结果。

(一)体育课程设置及结构现状

《全国高等学校体育课程教学指导纲要》(以下简称《纲要》)要求普通高校的一年级和二年级必须开设体育课程。4个学期的体育课程要达到144学时,学生只有修满规定体育课程学时,才能毕业并获得学位。调查的 101 所普通高校体育课程设置及结构见表 8-1。

表 8-1　普通高校体育课程设置及结构调查①

体育课程设置情况	学校数量	百分比/%
一年级和二年级开设体育课程	101	100
三年级以上学生(包括研究生)开设体育选修课	76	75.25
为特殊学生开设以康复、保健为主的体育课程	81	80.19
开展课外体育、校外活动及校运动训练队	57	56.44
把学生体育锻炼习惯培养、进步状况及其情感意志纳入体育课程评价	9	8.91

从表 8-1 调查结果来看,所有普通高校一、二年级都已设置了体育课程。对三年级以上学生(包括研究生)、特殊学生开设体育选修课、体育康复保健课程的高校占半数以上,但对照《纲要》的要求还有一定差距。此外,仅有 8.91% 的高校在体育课程评价设置中纳入了学生的体育锻炼习惯培养、进步状况及其情感意志。

(二)体育课程项目设置现状

我国普通高校的体育课程以技术教学为主,大多数高校在体育教学中都设置了三大球、武术、健美操等运动项目,一些高校对羽毛球、网球、跆拳道、定向运动等项目进行了设置,还有一些高校将地区特色利用起来对季节性、地区性的传统特色项目进行开设。高校体育课程项目设置调查见表 8-2。

---

① 李吉远. 人文关怀下的普通高校体育课程设置现状及优化配置[J]. 四川体育科学,2007(1):104-106.

表 8-2　普通高校体育课程项目设置情况调查①

项目	学校数量	百分比/%
篮球	101	100
排球	98	97.03
足球	95	94.06
健美操	88	87.13
乒乓球	78	77.23
武术（套路）	74	73.27
保健	70	69.31
体育舞蹈	61	60.40
网球	57	56.44
健美	56	55.46
羽毛球	53	52.48
跆拳道	48	47.52
散手	45	44.55
游泳	43	42.57
田径	31	30.69
定向运动	29	28.72
体操	28	27.72
野外生存	15	14.85
其他	22	21.78

从表 8-2 可以看到,目前我国高校设置的体育课程项目主要有篮球（100％）、排球（97.03％）、足球（94.06％）、健美操（87.13％）、乒乓球（77.23％）、武术套路（73.27％）等。总体上来看,高校设置的体育教学项目没有将健身性、科学性、文化性、可接受性及民族性等特征与要求充分体现出来。部分高校一年级

---

① 李吉远. 人文关怀下的普通高校体育课程设置现状及优化配置[J]. 四川体育科学,2007(1):104－106.

开设的体育课与中学基本相同,教学中只重视让学生掌握运动技术,忽视对学生终身体育锻炼习惯的培养。

三、体育课程设置与发展的问题分析

(一)课程形式杂乱,缺乏一致性和规范性

目前高校体育课程的设置有很多形式,如体育理论课、体育技术课、体育实践课、体育必修课、体育选修课、体育测评课、大学体育与健康课等,可以说是五花八门。表面看来高校体育课程设置较为丰富,可以使不同学生的学习需求得到满足,也将高校的体育教学特色体现出来。但实地调查后发现,学生面对如此丰富的体育课程形式摸不着头脑,不知道从哪下手,如何做出正确的选择,甚至高校体育教师对这些不同形式的体育课程也不是十分了解。这反映出高校体育课程形式设置的随意性和无序性问题。

(二)课程设置不合理,体育课程的"育体"和"育人"功能难以发挥

目前我国很多高校的体育课程设置依然是一、二年级必修,三、四年级停课但要进行学生体质健康标准测试,对研究生不开设体育课,研究生也不需要参加学生体质健康标准测试。这就导致学生的体育教育和锻炼在高等教育阶段无法延续,三、四年级大学生的体质健康水平无法继续提高,研究生体质下降。

(三)片面追求选修课,弱化了必修课的功能

《全国普通高等学校体育课程教学指导纲要》中指出,"高校要积极开设选修课程,尽快形成国家、地方、学校三级课程体系"。很多高校盲目跟从,而对高校体育课程的特点从不做深入分析,一味设置一些特色选修课来突出学校特色,最终影响了必修课的教学质量,而选修课存在严重的形式化问题,体育课程教学无法与大学体育课的特殊要求保持一致。

四、体育课程设置优化与发展对策研究

(一)树立先进的体育课程教学观

科技在发展,时代在进步。在这个社会转型的关键时期,陈旧的传统体育课程教育观念受到了强烈的冲击与严峻的挑战,传统教育观念已难以与现代体育课程教育的快速发展相适应。因此,我们要及时转变观念,树立新的体育课程教学观,重视学生在体育课程教学中的主体地位,提高学生掌握新知识、新技能的积极性与主动性。以学生为中心的体育课程教学观要求体育课程设置及教学实施应与学生未来职业及发展相联系,不仅要看到学生在校期间的体育受益,也要考虑学生步入社会后的终身受益,促进学生职业素质的形成与提高,使学生更好地适应社会发展的需求,从而立足社会,发挥个人价值。

(二)明确体育课程教学目标

在体育课程教学中明确的体育课程教学目标能够为体育课程教学活动的开展指明方向,每所学校都应该在结合本校实际条件的基础上制定体育课程教学目标,具体从以下几方面来对体育课程教学目标加以明确。

(1)融入"健康第一"的思想。

(2)培养学生的终身体育意识。

(3)强调以学生为主体,对学生身心健康予以充分考虑,让学生在愉悦的环境中锻炼身心。

(4)从专业特色和未来职业出发,在体育课程教学中给学生传授实用性体育技能,使学生在将来能够成为满足社会发展需求的优秀应用型人才。

要对体育课程设置与教学中存在的问题进行处理与解决,就必须大胆进行教学改革,有关专家、教授积极参与研讨,根据学生的特点和需求对能够科学指导体育课程教学发展的指导纲要进行规划,切实推进体育课程教学的深入改革。

(三)加强体育课程建设开发

传统的教育思想与新纲要的指导理念相冲突,并阻碍学生学习的积极性、主动性、创新性。体育教师应改变单纯教授体育基本技术、技能和体育知识的教学模式,注重培养学生的生活、社会适应能力及个性情感。学生也应自由选择运动项目、授课教师,转变体育学习方式。

此外,体育教师要引导学生树立终身健康理念,结合本校实际开发建设户外运动、沙漠生存、岛屿生存、野外生存等拓展运动项目。把局限于学校内的运动内容扩展到社会和大自然中,对学生的社会适应能力进行培养。同时,学校应积极开展丰富多彩的校园体育文化节活动,促进校园体育文化建设。

(四)对体育课程进行分类设置

在体育课程设置中要厘清思路,从体育教学目标和教材内容性质出发分门别类地进行设置。具体可按以下步骤进行。

1. 资源整合

整合学校体育课程资源,将授课对象明确下来,分别对必修课和选修课进行设置。

2. 课程分配

在大学一、二年级,三、四年级和研究生培养计划中分别安排两类课程,一、二年级以必修课为主,三、四年级和研究生以选修课为主。这里要强调一点,研究生也属于我国高等教育的组成部分,所以,面向研究生开设体育课是高校应尽的义务。

3. 课程规划

选定必修课和选修课的构成,即必修课类型中有哪些必选项目课,有哪些选修项目课,选修课类型由哪些课程构成等。此阶段要对大学体育分层教学的需要充分考虑。

4. 明确教学内容

以教学目标和教材内容性质为依据,确定必修课中理论课形式、实践课形式分别适用于哪些教学内容,各占多少比重;确定选修课中哪些以理论课形式进行教学,哪些采用实践课形式教学,这两种形式各占多少比重等。

5. 论证实施

收集反馈意见,组织专家进行充分论证,对体育课程设置方案进行优化并组织实施。

(五)设置多样性体育课程体系

在体育教学改革中的基础环节主要是进行课程改革。体育课程是体育教学的根本,设置多样性的体育课程时,要求与体育教育的培养目标、教学目标以及学生发展的需要相符。在科学技术不断发展的今天,体育教学改革中除了要继承传统教学的优势外,还要将先进的教学内容积极引进来,延伸与拓展现有的教学内容,以教学目标为依据选择教学内容,有针对性地取舍,合理组合与深入优化,设置多样性课程。把原先单一的技能竞赛拓展到提高学生综合素质,并发展提高学生扩散性求异思维能力,以此来丰富学生的创新知识,提高学生的创新能力,培养学生的创新素质和意识。

对多样性体育课程体系的设置是体育教学改革的必然要求,这一改革举措充分贯彻了因材施教原则,符合学生的个性发展需要,能够促进体育教育的多类型、多规格、多层次发展。此外,多样性的体育课程体系有利于科学培养具有创新素质和创新能力的优秀体育人才。

(六)科学实施体育课程

1. 因地制宜、因时制宜

体育课程实施需要因地制宜、因时制宜地进行,具体从以下两方面来实施。

第一,对有关的组织变革理论知识加以了解,并将改革的思想、理念与学校体育课程发展现状密切联系起来。

第二,对特定社会制度及社会背景的变化加以了解,从而清楚新体育课程推行的环境背景。此外,实施者还需要对学校体育组织结构、体育文化传统、师生关系、同事关系等方面的问题进行详细的了解,从而更好地促进体育课程改革策略的实施。

2. 重视发挥学校的作用

学校在体育课程实施中发挥着非常重要的作用,如果没有学校层面的具体实施,那么,所制定的体育课程标准即使再科学与合理,也只能停留在理论上,不可能通过实践而成为现实。因此,不管对何种策略加以采用,都应将学校的重要作用充分重视起来,并引导学校采取相应的措施来发挥自身的价值。

3. 重视对体育教师的培训

体育教师在体育课程实施过程中发挥着核心价值。因此,实施新的体育课程首要前提是促进体育教师对体育课程的观念与认识的转变,促使体育教师对与新课程相适应的知识与技能进行学习与掌握。从这一角度来看,对体育教师的培训至关重要。

调查发现,我国体育教师队伍的建设现状不容乐观,体育教师规模较小,数量不足,学历较低,高职称教师缺乏,教师科研能力较差,这些都与教育部的相关规定存在一定的差距。为了改变这一现状,应从以下两方面着手。

一方面,尽快解决教师缺编问题,促进教师业务素质的全面提高,加强对中青年体育教师的培养。

另一方面,积极采取措施改善体育教师的福利待遇,加强师资激励与管理制度建设,对体育教师进修、科研等予以鼓励,具体可以从以下几方面努力。

(1)招聘体育院校的优秀毕业生。

(2)着力提升现有教师的学历层次,鼓励在职教师继续接受教育。

(3)鼓励教师积极参与体育教研活动,改善体育教师的科研环境,促进集体备课制度的完善。

(4)提高体育教师的工资水平,完善各项补助,对体育教师面临的困难和问题尽力加以解决,使每个体育教师都能集中精力做好体育教学及科研工作。

(5)引入竞争机制与激励机制,提高体育教师的竞争意识。

(6)促进教师奖惩制度和职称评定制度的完善。

(七)改善体育教学设施条件

体育课程教学发展的基本条件是必要的体育经费投入,只有具备了资金条件,才能着手场馆建设工作。体育课程教学与训练工作的开展需要具备充足的体育场地器材,这是最重要的物质基础。目前工作环境不理想,运动场地与设施跟不上体育工作的需求是影响体育教师工作积极性的一个主要原因,因为缺乏必要的硬件条件,体育教师的手脚被严重束缚,体育课程改革也难以进一步深入。

近年来高校学生人数急速增加,学生的体育需求不断增加与提高,原有的体育场馆和器材设施无法满足越来越多的学生的需求,这不但影响了正常的教学秩序,还对学生课外体育锻炼的积极性造成了制约,体育主管部门对此应予以重视。

具体来说,对体育课程教学设施条件的改善应从以下几方面着手进行。

(1)对现有场地与设施进行科学安排、合理利用,提高资源利用率,尽可能为学生提供良好的活动场所,多开辟空闲场地,充分利用校园空间对丰富的小型体育设施进行合理安装与设置,对良好的体育环境进行创建,避免学生因场地不足而放弃体育锻炼。

(2)有关部门加大体育经费投入力度,加大运动场地建设与器材硬件设备的购买力度,对场地与设施的维修与保养制度进行制定与实施。体育经费不足对体育课程教学功能的发挥造成了直接影响,因此,院校领导要加强体育财力资源的管理,专款专用,争取从上级部门获得更多的经费支持,引进社会资助,加强与社会场地场馆的合作,对周边环境和器材进行创造性的开发与利用,借此资源开展形式丰富的体育课程。

(八)积极引入高科技设备

体育课程教学创新也可从体育教学辅助设备中体现出来,体育教师要运用新思路、新方法对体育课程发展中的问题进行分析和解决,加强对体育教学器材的创新性运用。在运动员技术动作要领、战术理论分析中采用多媒体教学工具只能从定性角度进行分析,而有关运动员相应的动作参数是无法通过这一途径获取的。借助于高科技设备可以对运动员进行人体建模,教师可以对运动员的技能参数(身高、体重、最佳站姿、出拳力速度、力矩等)进行科学计算与分析,这样就能够使学生的竞技动作更加规范,然后,使学生通过不断练习将自身的潜能最大限度地发挥出来,最终促进运动技能的提高。

(九)加强课外体育活动的组织管理

课外体育活动也是体育课程的重要组成部分,因此,要加强这部分内容的组织与管理。

(1)积极调动学校的一切力量,如体育教师、辅导员、班委、学生会干部等,加强对课外体育活动的组织、指导以及管理。

(2)严格按照制度要求组织学生课外体育活动,明确课外体育活动的规范和要求,做好指导工作。提高学生参加课外体育活动的积极性,培养学生的体育锻炼意识与习惯。

(3)把课外体育活动和体育课堂教学同等重视起来,鼓励体育俱乐部、体育兴趣小组举办课外体育活动,学校从资金、人力以及其他方面予以支持和鼓励。

(4)开展丰富多彩的校园体育竞赛活动,鼓励学生积极参与,通过组织竞赛培养学生的竞争与合作意识,丰富学生的课余生活。

(十)构建多元化的体育课程教学评价体系

多元化体育课程教学评价体系指的是体育教育者以体育培养目标、教学任务和要求以及学生个性发展的需要为依据,反映在对教师的教和学生的学评价体系上的多元化及多样性。[①] 素质教育理念要求在体育课程教学中建立多元化的体育课程教学评价体系,对该体系的建立也是因材施教教学原则的要求,是发展学生个性和满足学生个性需要的要求,同时,也是体育教育多类型、多规格、多层次发展的需要,建立多元教学评价体系有助于深入改革与创新体育课程教学理论与实践。

体育教师要充分利用体育教育内容、形式以及方法等特性进行创新评价,不能采用千篇一律的固定模式进行教学与评价。体育教师要通过构建适合不同类型课程的多样化考核模式来评价学生的学习效果,在具体考核环节可运用闭卷、开卷、口试、作业等多种形式,同时,加强体育课程教学反馈机制的完善。

第二节　信息技术与体育课程
整合的概念与原则

一、信息技术与体育课程整合的概念

关于信息技术与体育课程整合的概念,可以从以下两个方面来进行解释。

---

① 张进. 上海市高职院校体育教学现状调查与改进思路研究[D]. 华东师范大学,2010.

(一)"大整合论"

在"大整合论"下,课程的概念较大。信息技术与体育课程的整合可以理解为在体育课程的整体中融入信息技术,使课程内容和结构发生改变,使整个课程体系产生变革。这一理念下信息技术与体育课程整合的概念主要有以下两种观点。

第一,信息技术与体育课程整合指的是通过以信息技术为基础的课程研制,对信息化体育课程文化进行创造。它针对教育领域中信息技术与学科课程的割裂和对立问题,通过信息技术与体育课程的双向整合,促进师生合作的课程与教学组织方式的实现和以人为本的新型体育课程与体育教学活动样式的发展,对整合型信息化体育课程新形态进行建构。

第二,信息技术与体育课程整合指的是信息技术与体育课程结构、内容、资源以及实施等有机融合成为一个整体,从而改变课程的各个层面和各个维度,进而促进整体变革的实现。

"大整合论"的观点能够指导人们从课程的整体角度对信息技术在体育课程中的地位和作用进行思考。

(二)"小整合论"

"小整合论"的观点认为课程与教学等同,那么,信息技术与体育课程的整合就可以理解成信息技术与体育教学的整合。在这里信息技术是以工具、媒介和方法等角色向体育教学的各个层面(教学准备、教学过程、教学评价等)渗透的。在当前信息技术与体育课程的整合实践中,这种观点是一种主流观点。人们对于信息技术作用的认识,从不同视角出发有不同的结论,这从信息技术与体育课程整合概念的分化中可以体现出来。

在研究与实践中,一般来说,专家学者持"大整合论",认可"小整合论"的大多是一线教师和教研人员。

在信息技术与体育课程整合的研究中,要对体育教学实践层面的问题多加关注,不能简单地认为新的教学手段与传统教学手段叠加在一起就是信息技术。广义层面上而言,体育课程整合指的是分化了的体育教学系统要素形成一个有机整体及该整体形成的过程。狭义层面上而言,体育课程整合是各相关学科间及学科内部的整合,即把体育学科和其他学科联系起来整体学习。在这个过程中,课程系统的各要素相互联系、相互融合,构成整体。

体育课程整合能够使学生在学习中将不同的知识一步步掌握,从而促进综合素质的提高。体育课程整合强调体育与其他学科的联系,避免过分强调各学科的不同与差异,防止各领域孤立或相互脱节,以免影响整体效果。

二、信息技术与体育课程整合的基本原则

信息技术与体育课程的整合需贯彻以下几项基本原则。

(一)正确运用教育理论来指导信息技术与体育课程整合实践

信息技术与体育课程整合的实践离不开相关教育理论的指导,其中现代学习理论为此奠定了重要的理论基础。每个教学理论都有自己存在的合理性与正确性,但没有一种教学理论在教学实践中是绝对普适的。换言之,无论哪种教学理论都不可能是教学实践中唯一的指导理论,不能将其他教学理论取代。否则,就会产生二元分立的思维方式,这样很容易为了对一种片面性进行克服而陷入其他的片面性。经常运用到体育课程整合中的教学理论有以下几种。

1. 行为主义学习理论

有些体育知识需要机械记忆,而且体育课程中关于操练和训练的教学内容占主导,这些内容的教学都可以在行为主义学习理论的指导下进行。

2. 认知主义学习理论

在激发学生学习兴趣,控制和维持学生学习动机方面,认知

主义学习理论发挥着关键的指导作用。

3. 建构主义学习理论

建构主义学习理论倡导给学生提供建构理解所需要的良好环境和自由空间，让学生自主学习、探究学习。

（二）根据体育教学对象合理选择整合策略

人类的思维有抽象思维、形象思维、有序思维、随机思维等不同的类型。不同的人，其思维类型和学习类型可能不同，他们的学习效果直接受其学习环境和学习方法的影响。

体育教学实践发展表明，有的学生对于外来信息主动加工的积极性较差，他们对充满人际互动与交流的学习环境更喜欢，如果有专门的指导和明确的讲授，他们更容易学到知识与技能；而有的学生在学习活动中喜欢独立学习、探索，结构松散的教学方法或个别化学习环境对于他们来说更能够提高学习效率。

所以，应该根据不同学生的学习特点有针对性地进行信息技术与体育课程的整合，采取的整合策略要有多样性、多元化和多层次。

（三）在"学教并重"教学设计理论的指导下开展体育课程整合的教学设计

"以教为主"的教学设计和"以学为主"的教学设计是目前流行的两大类教学设计理论。因为二者各有特点，所以，将其结合起来，取长补短是最理想的方法，"学教并重"教学设计理论的形成就是二者有机结合的结果。这种理论与"新型教学结构"（既发挥教师的主导作用，又充分体现学生的主体作用）的要求是相适应的。

运用"学教并重"教学设计理论进行体育课程整合的教学设计时要注意不能简单地将计算机网络、多媒体等以计算机为基础的信息技术看作是教师"教"的手段，而更应当强调它们是学生

"学"的工具,它们作为认知工具与情感激励工具促进学生自主学习。在体育课程整合中,整个教学设计的各个环节都要贯彻这个理念与原则。

(四)根据学科特点对整合的教学模式进行构建

每个学科都有自身固有的知识结构和学科特点,体育学科同样也不例外。为此,应该将信息技术利用起来对接近生活的真实语境进行模拟和创建,为学生的反复练习提供良好的机会。在体育教学中应注意对学生的观察能力、解决问题的能力和实践能力进行培养,在理论知识教学中为帮助学生准确理解与深刻记忆,应采用形象和直观的讲解;在实践技能教学中关键是对学生的活动能力和操作能力进行培养,所以,不能完全依赖计算机的模拟实验。因此,在信息技术与体育课程整合中应根据体育学科的特点选择正确的整合策略。

(五)个别化学习和协作学习的有机结合

信息技术为体育课程教学与整合提供了重要的实践平台。我们可以采用多种教学方法实现同一教学目标。同时,信息技术与体育课程整合对"具体问题具体分析"的原则重点进行强调。当确定一个教学目标后,为实现该目标可整合不同的任务。不同学生也可以采用不同方法和工具来完成同一任务。个别化的教学策略有助于促进学生主动性的发挥,有助于因材施教的落实。

现代社会要求人们具有协作精神。因此,在现代学习中要求多个学生对同一问题发表各自不同的观点和看法,并基于综合评价相互合作来完成学习任务。互联网的出现为学生的协作学习提供了重要的工具与平台。因此,在体育教学中既要为学生提供独立学习机会,又要指导学生相互合作,培养学生的独立能力与协作精神。

第三节　信息技术与体育课程整合的模式

一、信息技术课程——信息技术是学习的对象

开展体育信息技术课程主要是为了正确使用信息技术,从而发挥信息技术在体育教育中的作用。开设信息技术课程可对学生利用信息技术解决问题的能力进行培养。在课程整合理念下,信息技术课程模式因具体操作流程的不同而显示出一定的差异。

一般可以将信息技术与体育课程整合分为以下三种基本的课程模式。

(一)带疑探究—讲授示范—动手操作型

首先,教师以课程教学目标为依据将具有吸引力或探究性的问题向学生提出,并激励和引导学生思考与探究,引导学生将已有信息技术利用起来对解决问题的方法进行探寻。

其次,教师将问题分解为若干信息技术学科知识点传授给学生,接着进行示范操作。

再次,学生按照教师的示范与讲解试着独立操作,从而掌握知识和技能。

最后,教师对学生的学习进行评价,并组织学生相互之间进行评价。

(二)任务驱动—协作学习型

首先,教师以教学的重难点为依据对融合了信息技术的教学目标和任务灵活设计。任务系统呈梯状,由易到难具有层次性。

其次,教师给学生呈现教学任务,让学生自主选择合作伙伴,协作学习、共同探究。学生在探索学习中发现信息和资料后要分

享给小组其他成员，小组内互相交流，共同学习。

最后，教师进行总结性评价。考查学生对信息技术的应用能力是评价的重点。

二、与其他学科的整合——信息技术是教学工具

信息技术辅助下的体育课堂教学有多种表现形式，下面主要分析几种常见的表现形式。

(一)自主—监控型模式

自主—监控型模式是在网络教室里学生将教师提供的教学资源利用起来进行学习，教师对学生的学习过程进行监控，及时对学生提供辅导。在这个模式中学生可以根据自己的需要使用网络资源。在教学过程中教师监控学生活动，"手把手"对学生进行交互辅导教学。

自主—监控型模式的实施程序如下。

首先，教师从教学目标出发来分析与处理教材，决定用什么形式给学生呈现教学内容。

其次，学生接受学习任务后由教师指导，利用相关资料或信息进行独立学习或协作学习。

最后，教师总结教学内容并做出个别化评价。

(二)群体—讲授型模式

群体—讲授型模式是在同一时间内对整个班级群体进行同样内容的教学，这里所运用的信息技术是作为教学手段出现的。这种模式的优势主要表现在以下几方面。

(1)集文字、图片、声音、图像的表达于一体，使体育课堂教学活动更加生动有趣。

(2)时间、空间和宏观、微观等因素对此不构成限制，便于促进教学重点和难点的突破。

（3）简单、容易操作，能够将教学内容快速、及时地呈现出来，促进体育教学效率的提高。

群体—讲授型模式的实施步骤如下。

首先，教师备课时对教学内容进行研究，至于课件，教师可以自己设计，也可以从资源库里选。

其次，教师在课上利用课件创设教学情境，将教学信息展示给学生，引导学生思考。

最后，教师做总结。

（三）讨论型模式

师生通过网络交流实现实时和非实时的讨论，这是讨论型模式的基本特点。这种教学模式一般用于教师提出问题，学生讨论问题的教学中。学生的讨论不管是实时，还是非实时，教师都要认真倾听，善于发现学生的好思维，同时，也要敏锐观察学生的问题，并给予指导。讨论结束后，教师进行总结和评价。

讨论型模式可以使学生克服自己的心理障碍，真正参与讨论，畅所欲言。这种讨论容易调动学生的积极性，但花费的时间也比较多。该模式的基本步骤如下。

首先，教师以教学目标为依据分析与处理教材，决定教学内容的呈现形式，并向学生呈现课件或网页类的教学内容。

其次，学生接受任务后由教师指导查阅资料或信息，进行独立学习或协作学习，利用信息技术完成学习任务。

最后，师生共同开展学习评价、反馈。

在整个教学过程中教师要重视学生学习的主体作用，培养学生的创新精神和协作能力。

三、研究型课程——信息技术是学习工具

研究型体育课程与科学研究的方式相类似。在这一整合模式下，学生积极参与学习与研究，利用信息技术多渠道分析、归

纳、整理各种资料,从中提炼信息,同时,运用各种信息工具对科研过程进行体验,探索指导实践的理论依据。

研究型课程中的整合任务是课后的延伸,超越了传统的单一学科学习的框架,依据学生不同的认知水平,以主题活动的形式呈现社会生活中学生感兴趣的问题,让学生在研究中完成任务,达到课程目标。

学生的主体性和参与的过程性在研究型课程中更加突出。在整个研究过程中,学生自主设计研究方案、实施方案,到最后完成任务,教师只是在学生选题和对资料的收集和分析中提供基本指导。教师虽然提供一般性指导,但这依然很重要,这与研究型学习的成败有直接的关系。

在组织研究型学习的整个过程时,关键在于如何确定研究主题,这需要对学生的认知能力、年龄特点充分加以考虑,循序渐进完成。

总之,信息技术与体育课程的整合是提高体育教学效率的重要途径,是使整个体育教学系统保持协调一致的重要方法。

第四节　信息技术与体育课程整合的注意事项

一、转变整合观念

信息技术与体育课程整合不是简单叠加信息技术和体育教学,不是二者的表层混合,而是将二者有机融合起来,并实现以下两方面的转化。

(1)将信息技术从学习对象向学习工具转化,在提高体育教育质量中将此作为一个重要载体,使信息技术应用和日常体育教学相结合,将其真正运用到学习中。

(2)将信息技术从辅助教学手段向学生学习手段转化,使其在学生自主探究式学习、合作式学习中发挥重要的作用。

二、避免向学生简单罗列知识点

充分运用信息技术可方便迅速获取知识和信息,但这也导致教师在教学中盲目加大教学量,这样学生就只有很少的时间可以思考和反馈了。长此以往会严重削弱学生的学习质量和学习能力。

从教育心理学视角来看,在一节课中学生能够接触和理解的知识和能力的提升范围是有限的,如果超过限度,学生便无法接收更多的信息,会导致学生学习质量下降。因此,在信息化体育课程教学中要对信息量科学控制,将信息技术作为实现体育教学目的的一个重要手段,而不是增加教学内容数量的借口。

运用多媒体技术创设教学情境可将学生的学习动机和积极性调动起来,使学生围绕教学重难点主动学习、独立学习、协作学习。在体育课堂中运用信息技术时教师要留给学生一定的时间,使其能够思考与反馈,从而提高教学效果。

三、避免片面追求技术和手段

多媒体课件的画面形象生动,图文并茂,声音悦耳动听,会在很大程度上刺激学生的感官,能够使体育课堂教学的效果大大提高。因此,很多体育教师在上课时都十分重视对多媒体的运用,但教育的本质和理念——师生互动,生生互动却因此被忽略了。

学生在体育课堂上一直盯着多媒体课件的画面,感受到大量的重复刺激,如果过多使用多媒体,信息技术的优势便无法发挥。认识学习理论认为,人的认识不是直接或单独由外界刺激给予,而是在外界刺激与内部心理过程相互作用的条件下产生的。因此,在体育教学中要将学生主动性和积极性的发挥充分重视起来。

四、避免片面追求形象性和生动性

目前许多体育教师在制作课件和开展网络化教学中对课件的形象性和生动性过分追求,而将体育教学的个体特征忽视了,这不但无法促进体育教学效果的提高,反而还对教学任务的顺利完成造成了影响。所以,对于体育教学中脱离实际,片面追求课件生动性的行为,教师要主动克服与改正,要严格按照体育教学目标及学生的情况来发挥多媒体的优势与作用,提高师生的交互性和学生的主动参与性,突出体育知识特点,实施高质量的体育教学,从而达到体育教学系统的最优化目标。

第九章　信息化时代体育教师信息化教学能力的培养

在信息化时代,体育教师必须具备一定的信息化教学能力,这也是实施体育信息化教学的重要基础和保障。本章将对体育教师信息化教学能力的培养进行探讨,主要包括新时代体育教师的特征和基本素质、体育教师的培养与培训、体育教师信息化教学能力的特点与构成,以及体育教师信息化教学能力的培养策略。

第一节　新时代体育教师的特征与基本素质

一、新时代体育教师的特征

党的十九大报告指出,我国已经进入了新时代,在新时代的引领下,体育教育事业也迎来了新的发展机遇,同时,也对体育教师提出了新的要求。新时代背景下体育教师应该具备以下特征。

（一）不断学习新知识的能力

新时代的体育教师必须要具备学习新知识的能力,不断更新自己的教学观念,要培养学生探索真理,启发他们进行自主学习,使他们掌握学习方法。让体育教师真正成为知识传授的引导者。

体育教师需要在掌握教材的基础上不断获取新的体育教育

知识信息,并将其编辑成为教学的课件,或者制作成幻灯片、投影片、学习指导书、参考书、影视资料或电子课件等多种形式,为学生提供多样化的学习方式。运用计算机及网络技术发布自己的研究成果、学习导读、知识介绍并开展多种形式的讨论、交谈以及咨询等活动,从而使体育教学更加活跃,进而提高信息化教学的能力。总之,体育教师要保持不断学习新知识的能力。

(二)较高的综合素养

体育教师不仅要具备坚定正确的政治思想与强烈的事业心、责任感,还要有一定的个人修养与品质,做到严于律己、以身作则、谈吐文雅、衣着整洁、举止文明、精神饱满等,能够坚决抵制拜金主义、享乐主义、极端个人主义等腐朽思想的侵蚀,对自己所肩负的"传道、授业、解惑"的重任有清醒的认识。

体育教师要严格要求自己,在品德、技能、人格等方面不断完善,并潜移默化地去引导学生,全身心地服务于学生,以自己的知识和品德去点燃学生智慧的火花,做一个"捧着一颗心来,不带半根草去"的品德高尚的人。

(三)扎实的体育学科理论知识

体育教学离不开身体运动,所以,体育教师首先要了解人体运动时各器官的结构与生理机能的变化特点和规律,从而实现锻炼学生身体、增强学生体质的教学效果,避免给学生的身心健康造成不必要的伤害。因此,体育教师只有以坚实的基础理论知识为指导,才能更好地完成教学任务,让学生的身心获得更好的锻炼。

为使学生在体育教学过程中真正掌握体育基础知识和基本技能,形成一定的体育能力,体育教师应该更好掌握体育的地位、本质功能和一般规律与特性,明确我国体育教育的目的任务、体育教学规律、特点与教学原则、方法等体育理论知识。同时,还应该掌握各个运动项目的基本理论、动作技术、战术、规则、裁判方法及各个运动项目的技战术教学与训练的原理、方法。因此,体育教师要不断充实更新自己的专业知识,并将新知识与新观点不断纳入到教学实践中。

为了更好地进行教育教学,在体育教学中要了解并掌握学生的心理特点,掌握向学生传授知识、技能的方法与技巧,这是体育教师必备的知识和能力。体育教师要熟练运用教育学、教学论、学校体育学、教育心理学、运动心理学、运动训练等学科的原理与方法,通过适当的教育方法和教学技巧将自己的知识、技能传授给学生,从而促进学生身心的全面、和谐发展。

体育教师还应该不断丰富自己的知识结构,除了掌握体育教学中所必需的知识外,还应该掌握体育社会学、体育人类学、体育史、体育哲学、体育美学、体育行为学、体育管理学、奥林匹克等相关学科的知识,不断开阔自己的视野,发展自己的教学思维。在体育教学过程中,如果善于运用这些知识来处理教学过程中遇到的问题,有助于让学生获得更多的知识,同时,也丰富了自身的育人方式与形式。

(四)高超的运动技能

为了更好地进行体育教学,体育教师还应该熟练掌握至少一项运动技能,体育教师应该在体育运动技术全面发展的基础上有自己的专项特长,促进学生更好地进行体育学习。具体表现为规范熟练的动作示范,把握动作技术的环节,及时发现并合理纠错等。这种能力的培养与提高,除需不断地钻研运动技术理论、学习新技术新动作外,还要注意根据不同的教学对象在实践中积累。

(五)较强的科研创新能力

教学过程也就是进行科学研究的过程。现代教育要求体育教师不只是一个"教书匠",同时,还应该具有强烈时代感、不受固有观点与模式的束缚、积极探索、勇于发现、努力开拓新领域,在创新中生存、在开拓中发展的科研型教师。科学研究能够提高教师的业务以及理论水平,有助于教师接受新的知识信息,了解掌握新的动态,站在学科发展的前沿,使体育教学更有新颖性、丰富性与时代的气息。科研能力同时也是衡量一名优秀体育教师的重要标准,教师的素质只有在教育科研以及教改实验中才可以实现真正的提高。

(六)良好的社交能力

体育教师应该树立新时代的新形象,通过与不同人群的交流沟通,让社会更加了解体育教师工作的真实意义,开创学校体育工作的外部条件以及环境,展现体育教师各个方面的才能。同时,体育工作本身也是一项最具广泛群众基础的工作,学校体育教育不仅是体育教师的责任,与班主任、少先队、共青团、后勤管理等部门也有密切的联系,不仅要面向全体学生,也要面向社会。因为广泛的社会接触更有助于对学生的教育,同时,也有利于全民健身计划更好实施。

二、新时代体育教师的基本素质

(一)思想政治素质

在新时代的背景下,体育教师首先应该具备较好的思想政治素质。体育教师每天都在跟学生打交道,他们所具备的思想政治素质会对学生的思想政治素质产生直接的影响。

在新时代的背景下,体育教师更要树立坚定的共产主义信念,树立实现共产主义的崇高理想。在教学工作中体育教师要兢兢业业,一丝不苟,热爱并无私地奉献给教育事业;积极宣传和传递热爱祖国的思想;传播并捍卫真理,研究并吸收体育学科的优秀成果,对教学内容进行不断创新,改进教学方法,正确引导学生学习和认识事物的发展规律。

(二)身心素质

体育教师要想更好适应新时代的发展,必须具备良好的身心素质。体育教学工作对体育教师的身心素质提出了更加严格的要求,无论是备课、上课、课余锻炼与训练还是进行科研攻关,都需要体育教师投入满腔的热忱。这就要求体育教师具备充足的体力、脑力以及心理承受力,因为艰辛、复杂、繁重的教学任务必须要有一个健康强壮的体魄,才能承担辛苦的劳动,完成学校体育教学的各项任务。

(三)能力素质

教师的能力与教学效果有密切的相关性。因此,体育教师能力的大小是影响教学效果的一个重要因素。体育教学的学科特点使它对体育教师的能力要求有着不同于其他学科的一些特点,特别是组织与管理能力、教学综合能力、学习知识的能力、创造能力以及科研与应用现代化教学手段的能力等,这些都是有效地完成体育教学工作目标的重要素质。

从学习知识的能力方面来看,在科学技术迅速发展的今天,人类的知识时时刻刻都在突破和增加,体育教师只有具备一定学习知识的能力,才可以不断充实更新自己的知识,适应时代发展的潮流。体育教学多在室外进行,表现出开放性与动态的特点,这就要求体育教师一定要具备很强的组织与管理能力,从而保证体育课教学顺利进行。体育教师要及时了解并学习本学科的前沿知识,不断了解教学改革的新动态,努力开展教学研究,才能创造性地开展教学工作,开创学校体育教学的新局面。面临信息社会和数字化时代的到来,怎样获取信息、处理信息、运用信息以及创造信息来提升运用现代化教育手段的能力,成为体育教师适应新时期教学需求的一种重要的能力素质。

第二节　体育教师的培养与培训

一、体育教师的职前培训

(一)体育教师职前培训的意义

1. 职前教育是终身教育的一部分

当今社会政治、经济和文化等各个领域的信息、知识和技术都在快速发展,因此,个体的发展必须跟得上社会发展的步伐才能不被淘汰。教育事业关系着一个民族和国家的未来,因此,在教育事业中有着举足轻重作用的教师必须不断地学习,并将学习贯彻于自己的一生,才能把更多、更新的知识传授给学生,才能促进全民素质的提高。体育教师作为一种关乎学生身体素质的特殊人群,也必须建立终身学习的意识,以适应社会发展的需要。

当前的学习化社会使终身教育和终身学习被越来越多的人接受。作为教育工作者,体育教师也开始逐渐认识到仅靠职前的师范教育来培养高校体育教师是远远不够的,体育教师的培训是一个永无止境的过程,教师走上工作岗位的从教经历对其终身学习以及未来的发展有着至关重要的影响。

由于新教师走上工作岗位后,前几年的从教经历对他们的终身学习及未来的发展和提高有着至关重要的影响。因此,新教师入职教育应被看作在职继续教育的一部分,而且是教师更大范围的业务提高和终身教育系统中的一个关键部分。

2. 职前培训能促进新教师的专业成长

"接受长时间的训练和入职辅导"是教师专业化的一个必要

条件。一个成熟的教师所应具备的各种知识技能中绝大部分来自工作经历。

一项对中学优秀教师各种特殊能力的形成时间的研究表明：除了语言表达能力以外，教师教学所必需的其他能力，如处理教学内容的能力、运用教学方法和手段的能力、教学组织和管理的能力、科学研究的能力、教育机制、与学生交往的能力等有65%以上是在任职以后形成的。而国外有关教师生涯发展和专业发展的研究也表明：教师的成长有自己独特的周期，不同的发展阶段会有不同的需要，会面临不同的职业发展问题。带着"不现实的乐观"的新教师在入职阶段所面临的冲击尤为强烈，他们可能对复杂的教学情景感到无所适从，在现实中产生极度的迷茫和巨大的失落感；他们迫切地需要支持与帮助，期望能尽快地获得教育教学的实用技能。

职前培养能使新教师消除从教育教学理论走向教育教学实践的失落感，有助于缩短新教师对新环境的适应期、提高新教师在教学生涯中的生存几率、加速新教师的成长。如果新教师在该阶段——由理论走向教学实践阶段无法得到必要的理论和实践支持与指导，他们就只能自生自灭，而能生存下来的教师往往要以艰苦的劳动和长时间的摸索为代价，这无疑将不利于新教师的快速成长。

因此，新教师的入职教育有助于加速新教师的成长，缩短新教师成为一名优秀教师的成长周期。

3. 职前培训有助于完善教师任用制度

入职培养是教育制度和教师资格认证制度的重要组成部分。长期以来师范教育更多地强调输入的标准，而忽略了产出的标准，甚至完全不考虑现实的标准——教师效能的标准。一个学生只要在师范院校中能修满规定的学分，获取一定的学历以后，即可获得教师资格。几年的师范学习成了从事教师工作的永久性通行证。而教师资格证是否能真正反映和表现在校师范生的教学能力值得思考。

目前我国实行的《教师资格条例》所规定的获取教师资格的条件也包括了教育教学能力,但由于缺乏明确的评价标准,这方面的条件常成为可有可无的软指标,在现实中难以落到实处。见习期制度能够为教师队伍选择符合条件的教师提供政策性的保障,可以对获得规定的标准学历的教师候选者进行再次的筛选,让那些经过特定的考核程序、被证明具有必要的业务能力的教师获得完全的教师资格。这在当前教师资格证书考试尚未普遍开展之时尤为必要。即使在教师资格考试制度普遍实施之后,针对新教师入职教育制度依然是一个十分重要的配套制度。

教育教学活动对教师的理论知识和实践能力要求较高,对教育教学这样一个极具实践性的专业来说,新教师必须经过实践的检验和磨炼才能发现自己是否适合或能够胜任教师这一职业。如果没有完善的见习期制度,而仅仅以教师资格考试制度为依据的教师任用制度是不完善的。新教师入职教育制度可以有效解决教师专业素质标准不统一和难以判断的问题,对完善教师任用制度也是十分有利的。

(二)体育教师职前培训的目标

1. 培养具有现代教育理念的体育教师

基础教育课程改革中,教师教育观念的变革和现代化是关键所在。现代教育观念包括的内容有很多,其中较为主要的有素质教育观、创新教育观、情商教育观、终身教育观等。具体来说,第一,素质教育观是要造就有理想、有道德、有文化、有纪律的德智体美全面发展的人才。使人才具有正义感、责任感和诚信、公正的美德,要具有创新精神和创新能力。第二,创新教育观是要培养学生有为人类文明创新的理想,有丰富的想象力,有批判性思维、发散性思维和创造性思维的能力,有分析、解决问题的能力和创新能力。第三,情商教育观是要培养学生珍惜生命、尊重人权、爱护环境、爱护自然，要善于和他人相处，理解并关心他人，具有爱心，对教师来说还要求他们爱护和关心学生，善于和学生合作，善于指导学生，能成为学生的良师益友。第四，终身教育观是要培养学生建立终身学习、终身接受教育和培训的观念，具备在信息技术条件下独立学习和协作学习的能力。

由此可以看出，每一项现代教育观念都有其各自的特点。从实质上来说，这些现代教育观念中素质教育观又包含了创新教育观、情商教育观和终身教育观的所有内容。在一定意义上，素质教育观既是核心又是现代教育观的全部。

2. 培养综合知识和能力的体育师资

专业基础知识是体育教师的立身之本、从业之本。因此，具有扎实的专业基础知识是非常重要且必要的。如果专业基础知识不扎实，那么，体育教师在实际工作中往往难以吃透教材，难以灵活运用教材，也难以达到有效传授教材的目的。当然，如果一名体育教师具有扎实的专业基础知识，但知识面并不宽广，那么，他也很难成为一名优秀的体育教育工作者。究其原因，主要是由于中小学的体育教学在教学内容上要求体育教师须具有多方面的技能，而不仅仅是一种技能。一种技能只能满足一种教学内容的教学要求，只有具有多种技能才能使多种教学内容的教学要求得到最大限度的满足。因此，具备扎实的专业基础知识是做好体育教师的首要条件，也是高等体育教育专业培养未来体育师资的重要目标。

但是对一名优秀的体育教师来说，仅有宽厚的专业基础知识也是不够的，这也是许多专业技能很好的优秀运动员退役后却做不了一名优秀体育教师的主要原因。这些优秀运动员之所以做不好体育教师，人文社科知识的缺乏是其主要原因。体育教育作为教育之一，归根结底是培养人的活动，这种活动涉及到人的情感、认知、意志、动机、态度等多个学科领域，只有掌握好这些学科领域的知识及运用方法，才能使这种培养人的活动更加有效。因此,对以培养未来体育师资为主要任务的高等体育教育来说,在目标定位上不能把视野仅局限在发展未来人才的专业技能上,而必须同时兼顾专业技能和人文社科知识的养成。

3. 培养具有良好信息技术能力的体育师资

在信息化时代,掌握和运用信息的能力是任何行业的从业者高效开展工作的重要保证。作为体育教师来说,从书本上获取知识固然重要,但书本在传递知识上毕竟具有滞后性,在信息咨询快速发展的今天,靠书本来获取知识显然已不能满足体育教师把握职业前沿发展的需要。而一名体育教师要想使自己的教学工作跟上教育改革的步伐,要想使自己的教学能力得到持续的提高,把握职业前沿发展动态则是一件必须经常要做的事。因此,作为一名未来的体育教师具备良好的信息素质就显得非常重要。作为培养未来体育教师的高等体育教育来说,在职前教育阶段提高体育教师的信息素质就应该成为其培养目标之一。

体育教师信息素质的培养涵盖的内容有很多,其中最主要的有以下几个方面:首先,对体育教师的信息意识的培养。意识决定行动,良好的信息意识是体育教师主动获取利用各种信息资源的前提条件。其次,对体育教师筛选信息能力的培养。在咨询快速发展的今天,信息像潮水一样源源不断地涌入我们的视野,信息本身也因此良莠不齐。在这种情况下,从大量的信息资源中筛选出健康有用的信息的能力就成为体育教师高效准确利用信息的重要保证。最后,对体育教师使用现代信息工具的能力的培养。随着电子技术的快速发展,信息传递已突破传统的口耳相传、书籍转载的途径,电视、网络、光盘等新的信息传播途径日新月异,掌握这些新型的信息工具,能够使体育教师更加便捷高效地获取和处理相关信息。

4. 具有一定科研实力的体育师资

科学研究能力是新时代人才的三张通行证之一。体育教师必须在大学阶段得到体育科学研究的初步训练,具备一定的科研能力,从而使参加工作后的外在压力得到有效减少,进而使从事体育科研的主动性得到有效增加。这里科研能力的培养包括的内容有两个方面:一方面是学术内容的掌握,具体来说,就是对学科前沿的理论知识的理解和吸收;另一方面是学术思维的形成。具体来说,就是对研究问题方法的熟练运用及发散性思维的形成。

(三)体育教师职前培养课程体系中的问题

高等教育改革以课程体系改革为核心,课程体系改革是人才培养的关键。改革开放以来,尽管我国体育教育本科专业的改革取得了一定的成绩,然而却依然存在改革力度不够,成效较低的问题,特别是课程体系改革没有得到完善。课程体系的不合理已严重影响我国新时代体育教师的培养质量。同一些在体育教师职前教育中有较好表现的国家相比,我国体育教师职前教育课程体系的不合理主要表现在以下几个方面。

1. 体育课程设置

目前课程设置对学生能力的培养主要集中在教学、训练、社会体育活动指导和学习掌握运动技术等能力方面。这种培养模式在旧能力模式的框架之中具有一定的局限性,没有将社会发展对体育人才多元化的需要体现出来。课程设置的弱点突出体现在对现代化体育人才影响最大的语言文字表达方面的能力培养。除此之外,我国体育院校课程设置和体系的变化周期太长,远远落后于我国社会的发展和基础教育改革与发展的需要。所以,从发展的眼光来看体育教师职前教育的专业设置和课程设置一定要具有时代性与前瞻性,让学生掌握最新、最科学的体育知识和技术,掌握最前沿的体育事业发展和科技发展动态。如此,才能使通过职前教育培养的体育人才更好地适应社会发展的需要。

2. 体育课程结构

从课程分类来看,国内外体育高等院校课程通常分为四大类,即公共基础课程、专业理论课程、专业技术课程和专业实践课程。而在美、德、日等一些国家把教育类课程单列,作为今后从事教师职业的学生的必修课程,并通过该课程的学习来获取教师资格。而在我国,教育类课程归属于体育教育专业的专业理论课程范畴。

(1)公共基础课程

美、日、德等国家公共基础课程占到总课时的 30%～34%。但现阶段我国体育院校公共基础课程的比例为 25%～26%,比例不足而且结构也不合理,这不利于学生基础理论总体水平的提高,也不利于其专业理论水平的提高。

(2)教学实习时间

从教育实践来看,各国体育院校对学生教育实践能力的培养极为重视,逐步形成了分散实习和集中实习这两种代表性的模式。集中实习模式在我国体育院校通常会被采用,大部分院校安排在第七学期,总实习时间大约为 8 周,但真正用于课堂教学实践的时间只有 5～6 周(除去实习前的准备期和实习结束阶段的总结期)。近几年随着体育院系的数量不断增多以及招生规模不断扩大,在一个实习点实习的学生人数越来越多,呈现出供不应求的局面,这在一定程度上使学生在实习中体验实践的机会有所减少,不利于学生知识运用能力的提高。

(3)专业理论课程与技术课程的比例

当前国内外体育院校的课程设置的新趋势为:加大专业基础理论课程的比重,缩小技术课程的分量。在这一方面,我国体育院校与国外体育院校是比较接近的。需要说明的是,国外体育院校减少术科比重的重要手段不是减少课程数量,而是减少了每门技术课程的学分或学时。这与我国体育院校以减少技术课程门数,不降低技术课程学分的做法有较大的区别。所以,即使我国体育院校在技术课程设置的学时比例上与国外体育院校没有什么明显的区别,但在课程开设数量方面区别很大。

(4)选修课程与必修课程的比例

现代高等教育课程设置的趋势是课程扩增(选修课程)。历年来高校都会对选修课程与必修课程的比例展开争论,这两类课程比例直接对学校提供给学生自主选择学习课程的自由度造成影响。国外高等教育理论认为,学校设置选修科目的必要性在于防止缺乏远见的专门化和无计划地选择互无关联的选修科目。目前,我国一些重点院校必修、限选和任修课程的比例为 7:2:1,并朝 6:2:2 的方向发展。我国体育院校三者的比值为 7:1.6:1.4(北京体育大学)、6.8:2.2:1(广州体育学院),这基本上与国内高等院校的比例是一致的,然而与国外一些体育院校相比却有着很大的差距。国内一些专家认为,必修与选修比较合理的比例为 5.6:4.4。

(5)体育课程分量

课程分量指每门课程所占的时量,它与学分成比例关系。小型化、微型化是当前先进国家高等院校的课程发展方向与趋势,专业基础课所占课时分量也不会很大。现阶段"理论、技术课程单课分量高,课程门数少"是我国体育院校在课程分量方面的基本特征。这与当前我国体育院校教材内容陈旧,多重复,只重视课堂,依据教学进度来安排教学计划的现象具有密切的关系。当前课程设置和制订教学计划过程中要注意精简教材内容,扩大教材自学比重。

(6)体育课程区分

我国课程区分主要体现在各专业之间课程设置不同,而国外一些体育院校课程区分不仅体现在专业之间的不同,即使是同一专业,也因地区的不同而在课程设置上有所区分,如美国 8 所体育院校课程设置资料显示:75% 以上学校开设的相同课程占 33.3%;50% 以上学校开设的相同课程占 42.9%。而我国体育院校基本上属于一个模式,专业如果一样,课程设置也就几乎完全一样,甚至有些院系在不同的专业上其课程设置也几乎相同,如有的体育院系在体育教育和运动训练两个专业的课程设置上几乎完全一样。这在很大程度上阻碍了我国体育人才类型的多样性和社会适应性。

3. 课程管理

课程管理包括的环节主要有课程开发、课程选择、课程实施以及课程评估等。课程管理本身虽然不属于课程体系构建的范畴,但其与课程体系的构建有着直接的关系。这方面出现的主要问题是课程开发与课程选择不够严谨,一定数量的"三无"课程(没有统一的教材和教参,没有专业的指导教师,没有可以借鉴的教学经验)依旧存在,有些课程只有一个课程名称就上了课表。在课程评估方面,合理的评估工作程序还没有建立,也没有建立课程评估的指标体系,有些课程完全没有经过评估。开设课程同开辟一个研究领域是不同的,有时一个问题就可以构成一个研究领域,由研究领域转而形成一门课程,其前提是研究成果达到一定的数量,知识总量达到一定的程度,且具备相对完整的理论体系,有的课程原创性或本体性知识内容较少,基本上是采用拿来主义,其问题主要表现在没有做好引进内容的改造与吸收工作。以下几个方面是导致上述问题出现的主要原因。

(1)没有进行先进的课程理论研究

理论是开展任何实践工作的基础,实践工作如果没有理论指导就会变得盲目,没有头绪,而且难以达到既定目标。我国的课程理论大多是以基础教育作为研究对象的,而我国的高等体育院校则长期忽视对课程理论的研究,课程理论几乎是空白。近年来虽有一些进展,但缺乏系统深入的研究。在课程设置的基本原理、课程编制与评价技术、课程结构模式、课程的形式等重大理论问题上尚未形成较为一致的意见。总体上看,传统的以狭窄专业教育为本位的模式依旧没有在课程设置到内容选择的过程中消失,相关的改革也没有取得一定的突破与创新,探索之路只是处于开始阶段。

(2)专业意识过于强化,课程观念淡薄

我国学校课程管理过于重视专业意识,没有很强的课程观念,这主要表现在以下三个方面。

①许多人受传统的"专业"观念的影响,认为学校体育教育就是培养体育专门人才,课程是绝对为专业服务的,在追求大而全的专业结构时忽视了课程建设。

②在设置课程时没有体现系统性与整体性,没有明确掌握专业内部和不同专业间课程的衔接和逻辑关系,没有充分体现专业的学科体系和学科自身知识的完整性与系统性,所制定课程缺乏与相关课程及后续课程的相互衔接和融会贯通,导致选修课程在内容上相互交叉。

③对课程的价值判断存在偏差,主要表现在课程的学时分配上,有些实用性、针对性强的课程学时严重不足。

(3)没有明确的人才培养目标

归根结底,课程设置的目的是培养一定要求的人才,如果没有正确的科学的人才培养目标,课程体系的建设一定会受到不利的影响。体育教育到底是培养"专才"还是"通才",是专业教育还是"通才"教育,是以开发培养智能为主,还是以传授知识为根本任务等,这些问题直接关系到人才培养目标,但这些问题依然在不断地被争论,没有明确的答案。体育教育专业的培养目标虽然较为明确,但由于课程和教学观念的滞后,所培养人才的综合能力与综合素质严重欠缺。

总之,当前我国体育教师职前培养课程体系改革的重点在于增加体育教育本科专业课程体系,扩大学生学习的范围和领域,提高学生获取知识的能力。目前我国体育高等院校的课程设置逐渐趋向合理,但仍存在一些鲜明的问题,如课程结构不够合理,与社会发展、人才培养目标不能协调一致,学生学习的自由度较小等。

(四)体育教师职前培训的改革对策

1. 以中小学为职前教育基地

当前我国教师职前教育最大的问题是与中小学实践脱节,新教师走上工作岗位后面临的最大挑战是适应。对实践的适应必须在实践中进行,因此,新教师工作的第一年必须是终身经验学习的开始,实地经历的提供应成为新教师入职教育的最重要的举措。

现阶段以中小学为入职教育基地,重视中小学在新教师入职教育的重要地位有利于提高教师的实践教学能力。具体来说,入职教育的主要承担者不应是大学或其他教师培训机构,而应当是来自中小学教育第一线的有经验的教师或专家教师。新教师在这些作为"师傅"的专家教师的指导下以"艺徒"的身份进行教学实习,掌握课堂教学的常规,学习教学的技能。因此,实地经历的效果在很大程度上取决于见习学校的氛围和带教老师的水平。具体来说,当前以中小学为基地进行新教师入职教育必须做好以下两方面的工作。

(1)选择好培训基地。带教师傅的经验可能是狭隘的,见习学校的风格也可能是单一的,因此,见习学校的选择就成为影响新教师入职教育成效的关键因素。

(2)加强培训基地的建设。实地工作环境的规范和文化氛围直接影响新教师对教学专业的认同和适应,也直接影响新教师的生涯发展和专业发展。如果作为入职教育基地的中小学依然以教师之间的排斥合作和相互隔绝为主流文化,那么,新教师将被置于自生自灭的境地。可见,重视中小学在教师入职教育中的作用是十分必要而且迫切的。

2. 以教学能力为本,并进行良好反思

在教学过程中应该以教学能力为本,并且做好反思,应该做

好以下几个方面的工作。

（1）必须以当前有关教师效能的研究所提出的有效教师的标准为依据，为第一年的新教师确立明确的具体的能力标准，将之作为新教师入职教育的主要目标，并以此为试用期满后获取正式的职业资格的考核指标。

（2）必须赋予实习教师更多的自主学习时间，使之能进行个别化的、更富弹性的学习。

（3）必须充分强调教育教学所必需的特定的技能、技巧——如课堂管理、提问、备课、评估、视听设备的运用等方面的技能技巧训练。但必须指出，第一年的工作并不单纯是为了适应，更关键的是为将来进一步的专业发展打下良好的基础。能力不仅仅是技能、技巧，也不仅仅是知识和知识的运用。

3. 建立并完善辅导教师制度

以老带新是我国新教师培养的重要途径。在新教师进入工作岗位后，由有经验的教师进行"带教"在我国由来已久且较为普遍地得到实施。但是目前这种"带教"制度在我国缺乏必要的制度建设。

如前所述，辅导教师制度是教师入职教育制度的核心。老教师与新教师之间辅导关系的质量直接影响教师入职教育的成效。为了保证老教师与新教师辅导关系的质量，应从以下几个方面着手促进二者之间的关系。

（1）将辅导教师的选择和培养制度化。指导新教师的工作应该由优秀的老教师负责，在带教的师生关系中辅导教师必须具备扎实的教育教学基本功、丰富的教育教学经验，辅导教师的年龄、性别、个性特征等都有可能影响带教的质量，所以，学校应当对辅导教师进行严格的选择，并根据教师的特点来为他们确定辅导教师。在一些具备丰富经验的教师不具备有效的带教技能、可能缺乏支持和帮助教师的有效策略时，学校还应当与大学、教师培训机构或校际的教师发展中心进行全面的合作，培养高素质的辅导教师。

（2）为老教师与新教师提供指导便利。具体来说，就是保证老教师与新教师有足够的机会共同工作和活动，并使这种活动制度化，在带教过程中需要老教师与新教师的频繁互动，带教质量也正是以双方的频繁互动、有效交流为基础的。辅导教师对新教师教学活动的指导、观察和评价，双方共同参与的讨论、研究等活动的经常性和制度化，正是带教质量的最重要操作保障。为此，有学者建议，为了便于互动交流，带教关系的双方应当任教同一学科、同一年级，并且双方的教学场所应当处于邻近的位置。在这些活动中，辅导教师能否以尊重、信任的态度热情地对待新教师，新教师能否虚心真诚地请教和接受辅导教师的指导，将是影响带教质量最关键的因素。

（3）保证带教活动有充足的时间并给予其制度保障。由于承担了一部分指导和学习工作，因此，必须适当减轻辅导教师和新教师的日常工作量，这不仅是双方活动的必要，对辅导教师而言，时间也是影响其带教积极性的重要因素，而对新教师而言，这将有助于其有充分的时间总结教学经验，获得进步。

4. 建立入职教育政策保障体系

促进教育改革切实保证新教师能接受系统的入职教育，建立健全我国新教师入职教育的政策保障体系，基于新教师入职教育有效的政策乃至法律的保障。具体来说，应做好以下工作。

（1）加强"名师"工程的建设，提高名师的资格条件，将教师培养当作名师资格的最重要的条件之一。

（2）将教师入职教育纳入教师资格和任用制度，使之成为获取教师资格及进入教学专业的必要条件。

（3）将教师培训进修的权力下放到学校一级，将实地活动纳入教师继续教育范畴。

（4）将辅导教师的培养纳入教育硕士培养系统之中，在师范类学生的学习内容中增加带教技能的训练。

（5）建立教师资格申请制度，并赋予中小学的带教教师对教师的资格和任用的更大的发言权。大学要在教师入职教育中发挥更大的作用，应当逐步将教师入职教育过渡为学历性的教育，赋予一些师范专科学校和中等师范学校以学历性的教师入职教育任务，能使它们在教师的培养中切实发挥作用。

二、体育教师的在职培训

（一）体育教师在职培训的必要性

1. 体育教学能力提高的需要

经过专业教育与培训后，体育教育毕业生掌握了扎实的体育专业知识和出色的技能，这样才能熟练地给学生做示范动作，提高教学的质量。但需要注意的是，具备了丰富的专业知识和技能，并不能说明其他方面的工作能力强，这和他们的职业能力有关。与其他学科一样，体育教学也要贯彻全面发展的教育方针，注重师生双边活动。但是体育教学主要是从事各种身体练习，教学过程中学生身体要承受一定的运动负荷，且组织工作较复杂等。由于体育学科的特殊性，决定了体育教师有着不同于其他学科的职业能力，如体育教学能力、运动训练能力、组织管理能力、表达能力和自学能力，5 种能力体育教师缺一不可。对照 5 种能力不难看出，从体育院校毕业的学生可能过于注重专业知识的学习，而忽略了实践技能的培养。总之，体育教师的职业能力培养不是一时一日能完成的，需要长期的学习和培养才能得到提高。

2. 知识结构不断完善的需要

在体育教学中体育教师不仅承担着重要的教学工作，如课堂教学、课外体育活动的组织、课余训练工作的开展、课余竞赛的实施等。另外，由于体育实践活动具有一定的危险性，因此，要求体育教师还必须具有一定的现场急救能力。由此可见,在体育教学中体育教师扮演的角色非常复杂,承担着繁杂的教学工作。在这样的情况下,复杂的角色及繁杂的工作对体育教师的知识结构提出了更高的要求。一名优秀的体育教师不仅应当具有扎实的学科专业知识和教育教学方面的专业知识,还应该具有较强的组织管理能力和处理应急事故的能力。

体育教学是处于不断发展之中的,新的教育理念、教学内容、教学方法等的出现与推广都需要体育教师进行重新学习。否则,体育教师就很可能脱离时代发展,远离体育教学实际。因此,在这样的形势下体育教师必须要不断丰富和完善自己的知识结构才能满足体育教学的需要。尽管体育教师可以通过自学的方式来完善自身的知识结构,但个人的经验总是有限的,而且从学习效率和全面性来说都不如通过正规的有组织的在职教育形式。正规的有组织的在职教育,可以对体育教师知识结构上存在的普遍问题进行集中解决,尤其是在传递新的教育观念、教学方法等方面,依托高等教育结构的有组织的在职教育形式更具有优势。可以说,一名优秀的体育教师需要通过不断地学习来完善自己的知识结构。只有自身知识结构得到完善了,才能教好学生,提高体育教学质量和水平。

目前总体来看,我国体育教师的知识结构还存在着不均衡的现象。在一些偏远山区学校,体育教师并未接受过系统的专业训练,大多数都是依靠自己的经验进行教学,这种状况对我国体育教学发展是非常不利的。因此,从我国体育教学的整体上的均衡发展来看,这一部分体育教师还急需通过一种再教育形式来完善其知识结构。

3. 自学能力不断提高的需要

体育教师要想得到不断地发展和成长就需要不断地提高自学能力,促使自身得到进一步的发展,以适应体育教学的要求和需要。

　　体育教师的学习不仅包括有组织的系统的学习,同时,还包括自学的内容。有组织的系统的学习可以帮助体育教师在共同的知识领域取得共同的进步,而自学却可以帮助体育教师形成自己独特的教学风格。然而自学并不简单等同于一个人独自学习,因为自学的效果更取决于良好的自学能力。自学人人都会,但良好的自学能力并不是人人都具有。良好的自学能力的获得一方面靠个人的摸索,另一方面更需要通过接受教育来获得。在大学阶段体育教师由于课程任务重,大多数时间都用于集体的有计划的课堂学习中,其自学能力的发展受到一定程度的抑制。而在职教育的形式和内容都更为灵活,体育教师作为在职学习者主动参与教学活动的自由度更大,更可能在学习中主动表达自己的观点,这对发展体育教师的自学能力来说有较大的益处。

　　此外,不同形式的在职教育可以激发体育教师个体自学的动力。体育教师应认识到学无止境的重要性,只有继续学习、深造,才能适应工作的需要。在实际教学中学习老教师的丰富经验,学习青年教师的新思想、新思路,互相切磋,取长补短,只有这样才能提高自己的综合素质与水平,进而促进教学质量的提高。

4. 满足体育教学改革的需要

　　在现代体育教育改革不断深化的条件下,体育教师的整体素质和水平得到了很大程度的提高,由此可见,体育教学改革在其中起到了重要的作用。在体育教学改革的过程中,体育教师的再教育和在职培训占据了重要的部分,这极大地解放了体育教师的思想,有助于体育教师建立丰富的知识体系,以满足体育教学的要求。

(二)体育教师在职培训的特征

1. 在职教育内容由学科性向综合性转变

　　在 20 世纪 90 年代以前,体育教师的在职教育主要是围绕每个学期学校体育教学的重点和热点而开展的。如 20 世纪 50 年代至 60 年代初期,体育教师在职教育(培训)的主要目的是上好体育课,通过明确体育教育的目的转变教学观念,贯彻体育教学大纲,掌握体育教材教法,提高教学技能等,适应当时学校体育教学的基本需要。

新时代时期,特别是基础教育新的课程体系在课程的功能、结构、内容、实施、评价和管理等各方面都体现了一种综合性的趋势和要求,它强调了不同学科知识之间的沟通与融合,对体育教师的知识、能力等整体素质提出更高的要求。因此,在职教育的内容也由此转向全面提高教师综合性、多元化学科与专业结构的横向综合素质的发展上来,转变教育观念、提高师德修养、掌握现代教育技术、更新与拓展知识成为这一时期在职教育的主要内容。

2. 在职教育模式由单一型向多样化转变

在职教育对体育教师的发展来说非常重要,因此,建立和形成一个稳定的教育模式对于体育教师来说是非常有利的。教师的在职教育培训模式主要是指在基础教育领域内根据教师在职教育的目的、任务和要求,对取得教师资格的在职教师实施教育的一种较稳定、有个性的格局、形式和过程。在职教育模式主要包括教学模式和组织模式两种。由于我国在职教育研究起步较晚,对在职教育具有的实践性、创新性、层次性、针对性、个体性、反思性等特征还缺乏深层次的理论研究和实践验证,因而,在职教育的模式自觉或不自觉地沿袭了学历教育的模式,课堂讲授的教学模式和集中统一的组织模式长期统治了中小学教师在职教育的全过程,受教育者完全处于被动的支配地位,学习的主动性和积极性得不到良好的发挥。

新时期受国外体育教育培训模式的影响,院校培训模式、校本培训模式、研培结合培训模式、自修—反思模式、学分驱动培训模式、导师制培训模式、案例培训模式、区域资源整合模式等在我国各高校中得到了广泛的利用,对我国体育教师的在职培训具有重要的推动作用。

3. 在职教育目标由提高学历向提升质量转变

随着我国高等体育教育事业的快速发展,本科教育的逐步普及,体育教师学历达标率得到不断提高。新时期,我国教育的改革发展要求教师队伍建设实现从"数量扩张型"到"质量优化型"的转变。体育教师在职教育的重点由提高学历层次为本向转变教育观念、提高师德修养、掌握现代教育技术、拓展和更新知识,全面提升质量新平台方向发展,体现了终身教育的理念和教师专业化发展的特殊内涵。

(三)体育教师在职培训的策略

1. 教育行政部门不断完善相关培训制度

各级教育行政部门要不断完善教师在职培训机制,使之法规化和制度化。建立适当的在职培训评价体系和激励机制,尤其要注重边远山区和欠发达地区体育教师的培训工作。培训机构应增强使命感和责任感,在配合、指导、推动体育基础教育改革的过程中不断调整培训目标、课程体系和教学内容,积极探索新的办学形式、培训模式和教学方式,注重培训过程的系统性、层次性和连续性。还要建立教师培训档案,加强跟踪培训与考核,融管、培、用为一体,做到使学员听有所触、看有所思、学有所用,从而形成开放的、充满活力的、适应新时代要求的体育基础教育需求的体育教师培训体系。

2. 树立体育教育的新理念

要想促进体育教师在职培训的发展,学校各级领导要转变和更新体育教育的思想观念,实现体育教师培训由"被动型"向"自主型"的转变。而要想实现这一转变,首先,要树立正确的教育思想观念,因为教育思想观念是培养未来合格人才的先导,是实施素质教育的先决条件。体育教师在培训过程中要意识到在职培训是体育教师教育的一个重要组成部分,教师要适应未来学校体育教学工作,逐步树立开放教育的观念、创造教育的观念、终身教育的观念及素质教育的观念等。其次,体育教师应成为体育与健康课程资源的研究者和开发者,成为教学的组织者和指导者。因此,体育教师的在职培训应以树立新观念,掌握新理论、新知识、新技能、新方法为出发点,增强学习的自觉性、积极性和主动性,不断学习和充实自己,树立不断提高、不断发展、不断完善的价值取向。

3. 建立恰当的在职培训课程体系

建立一个符合体育教师在职培训目的的课程体系,是提高体育教师在职培训质量的关键。在设计体育教师在职培训内容的过程中既要处理好职前培养与在职培训的关系,又要充分体现培训的特点,同时,也要处理好各阶段、各层次体育教师之间的关系,做到前后连贯,有序衔接。同时,还要处理好在职培训课程设计之间的各类关系,做到沟通融洽。体育教师在职培训内容除了包含体育学科知识、体育教师职业有关知识和教育基础理论知识外,还必须立足于体育教学的实际,紧密联系体育教育实践,加强师德教育,把现代科学技术、国内外教育改革与发展、体育教育发展的最新成果及时纳入培训内容中,用现代教育思想、教育理论、教育技术和新的学科知识来指导体育教师的教学实践,从而加强对教师的教育科研创新意识与创新能力和运用现代教育技术能力的培养。只有这样,才有利于教师提高创新能力和实践能力,适应体育与健康课程的需要。此外,培训内容也必须在理论与实践上都有一定的现实意义和可操作性,要突出针对性、实效性和先进性,体现多样性,充分满足来自不同地区体育教师的需求,以便培训过程中能按需施教,学用结合。

第三节　体育教师信息化教学能力的特点与构成

一、体育教师信息化教学能力的特点

(一)复合性

随着信息化社会的到来,体育教学对体育教师教学能力的要求已不再局限于单一地去传授体育知识和技能,还要求体育教师具有技术化的知识内容、技术化的教学方法、技术化的协作教学。体育教师的信息化教学能力是复杂多样的,在信息化的教学环境中体育教师必须具有信息化教学的传授能力,同时,还要具备促进不同学习风格和不同学习策略的学生进行信息化学习的能力,从而使因材施教在信息化社会中真正得以实现。总之,在信息化社会中体育教师的信息化教学能力呈现复合性的特点。

(二)关联性

体育教师的信息化教学能力是由各种子能力构成的,这些子能力之间是相互联系、相互关联的。信息化教学能力是建立在一定教学能力基础之上的,如学科教学内容的能力、一般教学法的相关能力、基本的教学技术能力等基础能力。体育教师必须对体育教学内容具有清晰的认识,掌握一些必备的体育教学法,并具有一定的体育教学技术能力。

(三)发展性

现代社会是一个信息化社会,变化和发展迅速。为了满足不同学习对象的学习发展与能力要求,体育教师必须具有一定发展性的信息化教学能力。另外,在信息化社会中信息技术的更替周期逐步缩短,体育教师必须主动适应这种动态变化的发展,以适应教学改革与发展对教师能力结构提出的新要求,在信息化社会中体育教师自身的专业发展也是动态的、终身的,体育教师必须不断完善和发展自身的教学能力结构。因此,体育教师的信息化教学能力具有一定的发展性。

二、体育教师信息化教学能力的构成

(一)体育教师信息化教学能力的知识结构

体育教师信息化教学能力的知识体系主要包括三个层次,具体如下。

1. 第一个层次

第一个层次主要包括体育学科理论知识、一般教学法知识、体育教学法知识和教学技术知识,这四个方面的知识是体育教师信息化教学能力的知识基础。

2. 第二个层次

第二个层次的知识主要包括信息化学科知识和信息教学法知识,这两类知识构成了体育教师信息化教学能力的知识主体。

3. 第三个层次

第三个层次的知识是体育教师信息化教学能力的最高要求,主要指的是信息化体育教学知识体系,是体育教师可以熟练运用各方面的信息技术进行体育教学。

(二)体育教师信息化教学能力的能力结构

1. 迁移能力

(1)信息化教学横向迁移能力

信息化教学横向迁移能力主要指教师将一种信息化教学情

境中的教学经验创造性地应用于其他新的信息化教学情境中的能力,是教师对原有信息化教学能力结构的拓展与延伸。在体育信息化教学情境中,体育教师对教学情境的把握、教学活动和教学方式的策略选择、教学媒体的应用、教学活动的程序等,都要依据自身的体育教学经验和借鉴他的成功做法。通俗地说,就是举一反三、触类旁通。

(2)信息化教学纵向迁移能力

信息化教学纵向迁移能力主要是指教师将学习获得的知识技能应用于解决信息化教学中的实际问题,并应用于现实的信息化教学活动中的能力。对于信息化问题的有效解决就需要通过迁移,从这个意义上看,迁移也是信息化教学知识技能向信息化教学能力转化的关键。通俗地说,就是学以致用。

2. 融会贯通能力

(1)信息化体育知识能力

主要是指信息技术与体育知识的融合能力。信息技术与体育知识相互融合,形成体育知识的新形态。原有体育知识形式的新呈现、内容的新拓展,是体育教师将体育知识信息化的一种能力要求。

(2)信息化教学法能力

主要是指信息技术与一般教学法的融合能力,是信息技术同一般教学法相互融合后形成的一种新的知识类型。需要教师具备将信息技术与一般教学法融合,同时,还需要教师可以驾驭信息化情境中的一些基本的教学原理和教学方法。

(3)信息化体育教学法能力

主要是指信息技术与体育教学法的融合能力。信息技术与体育知识、一般教学法相互作用形成的一种特殊知识形态,需要教师具备教学技术知识、体育教学法知识,当然更需要体育教师将教学技术与体育教学法融合的能力。只有将信息技术与体育理论知识、体育教学法相互融合,发挥各类知识内容与各种方法策略的优势,才能使教师在新的体育知识形态和新的体育教学方法与策略的基础上实现体育教学效率和效果的有效提高,才能使体育教师信息化教学能力得以有效提升,从而促进不同学生学习能力的全面发展。

3. 合作交往能力

体育信息化教学的合作交往能力,主要是指体育教师和学生在信息化教学情境中要彼此交换思想与感情,促进师生间的交流与沟通,以实现学生体育能力发展为重要目标的能力。

体育信息化教学的合作交往能力是体育教学活动中师生的信息化互动,是信息化的教学交往实践,体现了教学中教师与学生之间的关系。信息化教学既是知识、技能的传授,更是学生学习能力发展的促进,因此,体育教师与学生之间必须进行有效的沟通和交往。信息化教学中的教学方式体现出选择化和互动的特点,学生的学习方式也走向了合作、对话、交流、探究与实践。其主要包括体育课堂信息化教学交往能力和虚拟信息化教学交往能力。

（1）体育课堂信息化教学交往能力

主要是指在体育课堂信息化教学情境中体育教师与学生的交往能力。在体育课堂信息化教学情境中需要实现师生之间的多元化交往,需要定位师生之间新的教学交往关系与角色。

（2）虚拟信息化教学交往能力

主要是指在虚拟的体育信息化教学情境中体育教师与学生的教学交往能力。信息化教学交往能力在更多意义上指的是虚拟信息化教学交往能力,在虚拟的学习环境中师生之间的有效教学交往是保障学生学习的前提条件。

4. 教学评价能力

（1）对学生体育信息化学习的评价能力

信息化社会中的教学评价既要关注学生个体的发展和个体的差异,又要关注信息化情境中学生创造性的学习能力和综合素质的提高;既要关注对学生信息化学习中知识技能的评价,又要关注对学生信息化学习中实践能力发展和情感培养的评价。实现从单一的评价方式向促进学生全面发展的评价方式的转变。

学生体育信息化学习的评价具有很强的导向性,强调以促进学生体育信息化学习能力的发展、创造性实践能力的提高为评价的主要价值取向。

(2)对自身信息化教学的评价能力

对自身信息化教学的评价,是以促进教师有效教学为目的的教师信息化教学质量评价,是比较注重结果的评价,更加强调以促进教师专业发展为出发点的发展性评价,以帮助教师不断提高自身的教学能力和相关业务水平。

第四节　体育教师信息化教学能力的培养策略

一、体育教师信息化教学能力培养的宏观策略

(一)进行职前和在职培养

体育教师信息化教学能力的发展是一个系统的过程,进行职前与在职培训是体育教师信息化教学能力发展的重要促进环节,两者是紧密结合的。通过职前培训可以使体育教师系统掌握信息化教学技术的知识和能力,为下一步体育教师在体育教学过程中运用信息技术打下了坚实的基础;通过在职培训可以让体育教师及时学习最新的信息化教学技术,并可以与更多的体育教师进行沟通交流,从而提高自己的信息化教学能力。

(二)传统方式与网络方式相结合

在发展体育教师的信息化教学能力时应该将传统方式与网

络方式结合起来,传统方式主要是通过面对面的教授和交流来提高体育教师的信息化教学能力。信息化社会中人们获取信息资源的渠道已经多元化,体育教师自身信息化教学能力发展的知识获取、教学经验分享、教学研讨、协作教学等都可以通过网络方式来获取和实现。因此,可以将传统方式和网络方式结合起来促进体育教师信息化教学能力的提升。

(三)自主学习与合作交流相结合

在信息化社会要想获得信息化能力的提高,体育教师必须不断提高自主学习的能力,以适应社会发展变化和教师专业成长的需要。体育教师可以通过自主学习一些信息化教学技术,提高自身的信息化素养,同时,要与其他体育教师进行合作交流,进行教学观摩、教学研讨等,也包括教师与学生、教师与专家的交流对话。在信息化社会中体育教师既要进行面对面的协作交流,又要发展虚拟的、远距离的、跨时空的协作交流的能力。

二、体育教师信息化教学能力培养的微观策略

(一)掌握基本的教学技术软件

体育教师首先应该掌握基本的教学技术软件,这是信息化教学能力的基础。如掌握教学办公软件,特别是 PPT 演示文稿,这是最常用的技术,并学会运用计算机掌握和获取一些教学素材。还要利用业余时间学习一些多媒体技术,提高多媒体技术能力,从而不断提高体育教师的信息化教学能力。

(二)参加一些网络技术培训课程

随着知识经济的到来,网络和新媒体上出现了各种培训课程,包括网络技术培训课程等。这些课程往往是付费的,专业性比较强,体育教师可以通过付费参加这些网络技术课程的学习,

不断提高自己的信息化教学能力。

(三)向其他教师请教和学习相关经验

每一名教师的信息化教学能力是不相同的。由于体育课程的缘故,平时上课用到信息技术教学的时间比较少,而其他学科教师却不同,他们要经常使用信息技术手段进行教学,因此,体育教师可以向其他教师请教和学习相关工作经验。同时,也可以向信息技术教学能力比较突出的体育教师进行请教,从而不断提高体育教师的信息化教学能力。

参考文献

[1]毛振明.体育教学论[M].2版.北京:高等教育出版社,2011.

[2]景亚琴.信息化教学[M].北京:国防工业出版社,2014.

[3]潘绍伟,于可红.学校体育学[M].2版.北京:高等教育出版社,2008.

[4]张筱兰,郭绍青.信息化教学[M].北京:高等教育出版社,2010.

[5]袁振国.当代教育学[M].北京:科学教育出版社,1998.

[6]毛振明,毛振纲.体育教学内容改革与新体育运动项目[M].北京:北京体育大学出版社,2002.

[7]李朝辉.教学论[M].北京:清华大学出版社,2010.

[8]李启迪.体育教学基本理论研究[M].北京:北京师范大学出版社,2014.

[9]韩晓钟.信息化环境下体育教学模式与教学设计的研究[J].中国战略新兴产业,2017(16).

[10]高磊.信息化背景下社区维稳工作研究[D].北京:中国人民公安大学,2017.

[11]石振兴.信息化背景下我国城市基层社会治理创新研究[D].东北师范大学,2017.

[12]张云雾.信息化背景下大学生思想政治教育认同研究[D].荆州:长江大学,2016.

[13]郭芳晴.信息化背景下高校学生事务管理创新研究[D].武汉:华中师范大学,2014.

[14]陈莉莉.信息化背景下儿童玩具设计研究——适合当今

儿童游戏特征的玩具设计分析[D].安徽:合肥工业大学,2013.

[15]赵闯.从简单到复杂:体育教学思维方式的转变[D].南京:南京师范大学,2007.

[16]罗祖兵.教学思维方式:含义、构成与作用[J].教育科学研究,2008(21):72—75.

[17]欧阳修俊,蒋士会.教学思维之概念辨析[J].教育导刊,2014(6):3—6.

[18]李志厚.论教学思维的属性、特征与修炼[J].课程·教材·教法,2016(10):32—38.

[19]徐飞鹏,蔡伟群.体育教学中阻碍创新思维发展的因素分析[J].广东职业技术师范学院学报,2001(4):100—104.

[20]章龙标,孟建明.体育教学中发展学生创新思维的策略研究[J].南昌高专学报,2010(3):158—159.

[21]郭亦鹏.高校教学管理信息化建设[M].长春:吉林大学出版社,2016.

[22]龚正伟.体育教学论[M].北京:北京体育大学出版社,2008.

[23]刚红光.“探究式教学法”体育教学中的应用[J].现代企业教育,2011(22):185—186.

[24]黄起东.体育多媒体 CAI 课件设计与开发[J].边疆经济与文化,2007(10):162—164.

[25]万文君,黄智武.高校体育教学网络课程的设计与开发[J].北京体育大学学报,2006,29(10):1416—1417.

[26]卜伟松.网球运动教程网络电子教材的制作与应用[D].南昌:江西师范大学,2015.

[27]方诚.新课改背景下体育教学创新研究[J].成才之路,2016(7):9.

[28]高鹏,刘红梅.高职院校开展信息化教学设计的分析与研究[J].中国市场,2015(41):124—126.

[29]刘航,刘秀丽,王江.信息化时代大学生的信息素养现状及培养对策[J].情报科学,2013,31(11):42—45.

[30]袁静.高中化学教师信息素养的现状调查与提升策略研究——以蓬莱市为例[D].烟台:鲁东大学,2017.

[31]李吉远.人文关怀下的普通高校体育课程设置现状及优化配置[J].四川体育科学,2007(1):104－106.

[32]李会明,王利华.对高校体育课程设置现状的分析与思考[J].大学教育,2015(4):37－38.

[33]张进.上海市高职院校体育教学现状调查与改进思路研究[D].上海:华东师范大学,2010.

[34]曹电康,贾谊.山西省普通高校体育学习评价内容现状及对策[J].中北大学学报,2008(10).

[35]曹电康,贾谊.对山西省12所高校体育学习评价体系的调查研究[J].山西师大体育学院学报,2008(12).

[36]曹电康,贾谊.国内外体育学习评价发展概况的比较研究[J].搏击·武术科学,2008(10).

[37]曹电康.对学校武术教育边缘化的思考[J].搏击·武术科学,2008(8).